FiNALE

Basiswissen

Hauptschulabschluss

Adelheid Föhse
Petra Moll
Christel Post
Thomas Wegner

westermann

Druck A[1] / Jahr 2010
Alle Drucke der Serie A sind im Unterricht parallel verwendbar.

Redaktion: lüra – Klemt & Mues GbR, Wuppertal
Kontakt: lernhilfen@westermann.de
Herstellung: Sandra Grünberg
Satz: Anna-Maria Klages, Wuppertal
Druck und Bindung: westermann druck GmbH, Braunschweig

ISBN 978-3-14-**170002**-2

Vorwort 5

Teil I: Texte verstehen

1 Hörverstehen *(Listening Comprehension)*
1.1 Formen des Hörverstehens 6
1.2 Der Hörverstehensprozess 7
1.3 Tipps und Tricks vor dem Hören 7
1.4 Tipps und Tricks beim Hören 9
1.5 Tipps und Tricks nach dem Hören 9
1.6 Aufgabenformate für das Hörverstehen 10
1.7 Übungen zum Hörverstehen 14
(Bestimmtes Hören, Grob Hören, Genaues Hören,
Jetzt wird es ernst: So kann die Prüfung aussehen)

2 Leseverstehen *(Reading Comprehension)*
2.1 Aufgabenformate für das Leseverstehen 27
(*True – false*-Aufgaben, Multiple-Choice-Aufgaben,
labelling/ordering information, matching, questions on the text,
summary, write-in answers, questionnaire)
2.2 Methodenwissen/Strategien/Arbeitstechniken 31
2.3 Textbeispiele 34

Teil II: Texte erstellen

3 Schreiben *(Writing)*
3.1 Den Wortschatz aktivieren 43
3.2 Ideen ordnen und sortieren 44
3.3 Von Stichwörtern zum Text 45
3.4 Bringe deinen Text zum Glänzen! 46
(Adjektive, Verbindungswörter, Häufigkeitsadverbien,
Zeitangaben, Ortsangaben, Satzanfänge,
Bewertungen und Vergleiche, Deine Meinung zum Thema,
Der vollständige Text)
3.5 Schreibanlässe/Texte 55
3.6 Notizen schreiben 55
3.7 Eine Postkarte schreiben 56
3.8 Einen Brief schreiben 56
(Writing a formal letter, letter of application/covering letter, CV,
personal letter, e-mail to a person of your age)
3.9 Einen Bericht schreiben 62

3.10 Eine Zusammenfassung schreiben 63
3.11 Einen eigenen Text schreiben 65
3.12 Zu Texten schreiben 66
3.13 Ein Bild beschreiben 71

4 Sprechen *(Speaking)*
4.1 Themenübersicht 80
4.2 Überlegungen zu Arbeitstechniken 81
4.3 Aufgabenformate 82
4.4 Beispiele zu den Aufgabenformaten 83
(Dialogue with a partner, talking about pictures, presentation)

5 Sprachmittlung *(Mediation)*
5.1 Zur Aufgabenstellung 94
5.2 Beispiele zur Sprachmittlung 95

6 Wie du deine Kultur und die der anderen erlebst und beschreibst (Interkulturelles Lernen) 105

Teil III: Fehler vermeiden

7 Frische deine Grammatikkenntnisse auf *(Refresh your grammar)*
7.1 Die Wortarten im Englischen *(types of words)* 114
7.2 Die Formen von to be *(forms of to be)* 116
7.3 Modalverben *(auxiliary verbs)* 117
7.4 Die Zeitformen *(tenses)* 119
7.5 Substantive/Nomen und ihre Artikel *(nouns)* 135
7.6 Bestimmungsfragen *(question words)* 137
7.7 Adjektive und ihre Vergleichsformen *(adjectives)* 138
7.8 Adverbien *(adverbs)* 142
7.9 Präpositionen und ihre Verbindungen *(prepositions)* 146

Anhang: Transkripte der Hörtexte der CD 150

Quellenverzeichnis 160

Vorwort

Liebe Schülerin, lieber Schüler,

FINALE Basiswissen Englisch bereitet dich im Fach Englisch auf Klassenarbeiten und auf deine Abschlussprüfung am Ende der Klasse 10 vor.

Das Buch hat 3 große Teile:

Teil I hilft dir, **Texte zu verstehen**:

1. beim Hören,
2. beim Lesen.

Teil II hilft dir, **Texte selbst zu verfassen**:

1. beim Schreiben,
2. beim Sprechen.

Teil II schafft auch **Grundlagen**

3. durch **Sprachmittlungsübungen**: Übersetzung/Wiedergabe der wichtigsten Aussagen in die andere Sprache,
4. durch Übungen zum **interkulturellen Lernen**: Wer und wie sind wir? Wer und wie sind die anderen?

Teil III hilft dir, **Fehler zu vermeiden**:

Durch die sichere Beherrschung der Grammatik wirst du zum Weltmeister in Englisch. Wie beim Fußball heißt es: am Ball bleiben und trainieren!

Wir geben dir Beispiele für Klassenarbeiten und Prüfungen. Viele Tipps, Tricks und Informationen zu Arbeitstechniken helfen dir bei der Bearbeitung der Prüfungsbeispiele.
Beispiellösungen und Hinweise erklären, wie du deine eigenen Arbeiten noch einmal prüfen, überarbeiten oder nachbessern kannst.
Eigene Fehler können gute Lehrmeister sein. Schreibe deine eigenen Texte in ein Heft und vergleiche sie mit den Beispiellösungen.

Die **CD** enthält englische Hörtexte zum Üben des Hörverstehens.

Und jetzt wünschen wir dir viel Erfolg, aber auch recht viel Spaß bei der Arbeit mit dem FINALE Basiswissen Englisch.

Das Autorenteam

Teil I: Texte verstehen

1 Hörverstehen

„Hörverstehen ist ganz schön schwierig!" – Das hast du vielleicht auch schon einmal gedacht. Beim Lesen kannst du noch einmal nachsehen, wenn du etwas nicht gleich verstehst, beim Hören nicht. Viele Schülerinnen und Schüler machen sich deshalb Sorgen. Sie denken: „Hoffentlich bekomme ich alles mit. Was ist, wenn ich etwas nicht verstehe?"
Keine Panik! In diesem Kapitel kannst du viel über das Hörverstehen lernen und dann ist es gar nicht mehr so schwer. Es gibt einiges, das man wissen muss, aber wenn du diese Dinge kennst, ist die Prüfung kein Problem.

1.1 Formen des Hörverstehens

Es gibt unterschiedliche Formen des Hörverstehens. Dabei kommt es immer darauf an, welche Absicht der Hörer verfolgt. Ein Beispiel: Wenn du eine spannende Geschichte als Hörbuch anhörst, dann willst du alle Einzelheiten ganz genau verstehen. Du hörst also ganz genau zu. Hörst du aber den Wetterbericht im Radio, interessiert dich sicher vor allem deine Stadt oder deine Region, und nur an dieser Stelle hörst du dann genau hin. Deshalb unterscheiden wir drei Formen des Hörens, die in der folgenden Tabelle erklärt werden.

Form des Hörverstehens	Absicht	Beispieltexte
globales Verstehen/ grob verstehen	den Hauptgedanken verstehen, nicht alle Einzelheiten	• Monologe • Dialoge • Interviews • Werbung • Filme o. Ä.
selektives Hörverstehen/ bestimmtes Hören	eine bestimmte Information erhalten	• Durchsagen/Ansagen • Wetterbericht • Verkehrsinformationen • Dialoge, in denen gezielt nach bestimmten Informationen gefragt wird • Ansagen auf dem Anrufbeantworter o. Ä.

detailliertes Hörverstehen/ genaues Hören	das Gehörte genau und in allen Einzelheiten verstehen	• Monologe • Dialoge • Interviews • Werbung • Filme o. Ä.

1.2 Der Hörverstehensprozess

Hörverstehen bedeutet nicht nur „hinhören". Es gehört mehr dazu: Verschiedene Dinge laufen nacheinander ab. Du solltest wissen, dass schon vor dem eigentlichen Hören etwas passiert. Deshalb spricht man auch vom *pre-listening.* Während des Hörens *(while-listening)* laufen verschiedene Dinge gleichzeitig ab und auch nach dem Hören *(post-listening)* gibt es manchmal noch den einen oder anderen Punkt zu bedenken. Aus diesem Grund erhältst du im Folgenden Tipps für die genannten drei Zeitspannen: *pre-, while-* und *post-listening.*

1.3 Tipps und Tricks vor dem Hören

Vorwissen aktivieren

▶ Bevor du den Text anhörst, kannst du dir Fragen wie diese stellen:
- Gibt es eine Überschrift, die schon verrät, worum es geht?
- Wird die Situation beschrieben, die du hören wirst? Wenn ja, denke dich in diese Situation hinein.
- Was tun Menschen normalerweise in einer solchen Situation? Was sagen sie üblicherweise?

Vielleicht wirst du ja nicht alles verstehen, aber wenn du die Situation kennst, kannst du dir denken, worum es gehen könnte.

Beispiel:

You will hear a text about schools in Australia.

▶ Was fällt dir dazu ein? Klar:
- In Australien sind die Entfernungen zwischen den Orten sehr groß.
- Kinder leben auf abgelegen Farmen.
- Die Lehrer kommen mit dem Flugzeug.
- Schüler und Lehrer sprechen miteinander am Funkgerät.
- Das Internet wird als Kommunikationsmittel genutzt.
- Manche Kinder gehen ins Internat – usw.

Wortschatz aktivieren

▶ Überlege vor dem Hören:
- Welche Wörter und Begriffe fallen dir zu diesem Thema ein?
- Welche Redewendungen sind typisch für die angegebene Situation?

Nehmen wir das Beispiel von oben, dann sollten dir Wörter einfallen wie: *remote farms, flying teachers, talking on the radio, learning with the Internet, boarding schools, the next neighbour is 200 miles away, etc.*

Was weißt du schon?

▶ Du weißt viel über die Welt und wie sie funktioniert. Nutze dieses Wissen! Wie sehr das helfen kann, zeigen diese Beispiele:
- Was muss man kaufen, bevor man in den Zug steigen darf?
  Richtig: eine Fahrkarte.
- Wie werden Temperaturen im Wetterbericht angegeben?
  Auch richtig: mit Zahlen.
- Wie wird eine Internetadresse angegeben?
  Genau, *www.....de* in Deutschland, *www.....com* in Amerika oder *www.....co.uk* in Großbritannien.

Du weißt also, dass du auf Zahlen achten musst, wenn nach Temperaturen, Preisen, Zeiten gefragt wird. Du weißt auch, dass du auf das *www.* hören musst, wenn es um eine Internetadresse geht. Und wenn jemand etwas kauft, bevor er seine Reise antritt, könnte es sich durchaus um ein Bahn- oder Flugticket handeln.

Aufgabenstellung genau lesen

▶ Lies die Aufgabenstellung ganz genau. Das ist aus zwei Gründen wichtig:
1. Wie wird die Prüfungsaufgabe ablaufen? Wird der Text einmal oder zweimal gehört? Gibt es zwischendurch Zeit, um Antworten zu kontrollieren? Das solltest du wissen. Es gibt dir Sicherheit.
2. Was sollst du heraushören? Kannst du aus der Aufgabenstellung schon erkennen, worauf du achten musst? Gibt es Wörter in der Aufgabenstellung, die sich leicht wiedererkennen lassen könnten (siehe oben)?

Hörbereitschaft herstellen

▶ Konzentriere dich. Stimme dich auf die Hörverstehensüberprüfung ein.
Stelle alles ab, was dich stören könnte.
Prüfe, ob dein Stift gut schreibt. Halte zur Sicherheit einen zweiten Stift bereit.

1.4 Tipps und Tricks beim Hören

Konzentrieren

Jetzt muss du richtig gut aufpassen und hinhören. Wenn es dir hilft, schließe die Augen, schau nicht aus dem Fenster oder nach dem Nachbarn.
Höre genau zu und achte gezielt auf die gesuchte Information.

Ruhig bleiben

Lass dich nicht aus der Ruhe bringen. Gerate nicht in Panik, auch wenn du nicht alles verstehst. Es ist normal, dass du nicht alle Wörter kennst: Also: Ruhe bewahren, du wirst genug verstehen.

Auf Überraschungen gefasst sein

Es kann passieren, dass es eine Überraschung in der Hörverstehensüberprüfung gibt, zum Beispiel ein Thema, das du nicht so gut kennst. Oder es wird mit einem Akzent gesprochen, der dir nicht vertraut ist. Vielleicht wird auch sehr schnell gesprochen und du bist das nicht gewohnt. Auch hier gilt: Ruhe bewahren, du wirst genug verstehen.

Notizen machen

Mach dir Notizen. Gerade bei Ankreuzaufgaben kannst du die Antwort auch schon beim Hören ankreuzen, wenn du sie sicher weißt.

Auf Zusatzinformationen achten

Was kannst du aus dem Hörtext heraushören, auch wenn es nicht mit Worten ausgedrückt wird? Ist jemand vielleicht besonders traurig oder wütend? Manchmal kann auch das helfen, eine Frage richtig zu beantworten.

Besonderheiten gesprochener Sprache kennen

In der gesprochenen Sprache treten die Wörter nicht wie beim Lesen schön einzeln und nacheinander auf. Es werden viele Kurzformen benutzt. Beispiel: *I'm, I've, he's, she'd.*

1.5 Tipps und Tricks nach dem Hören

Antworten kontrollieren und vervollständigen

Meistens hörst du die Texte zweimal. Nutze das zweite Hören vor allem, um dich auf die offenen Fragen zu konzentrieren. Hast du danach noch Zeit, kontrolliere und vervollständige deine Antworten.

1.6 Aufgabenformate für das Hörverstehen

Damit du eine Vorstellung davon bekommst, wie die Aufgaben aussehen können, die das Verstehen prüfen, stellen wir dir die wichtigsten jetzt vor.

Aufgabentypen

Multiple-Choice-Aufgaben

Bei Multiple-Choice-Aufgaben erhältst du mehrere Antwortmöglichkeiten, von denen du die richtige Antwort ankreuzt.

Mögliche Aufgabenstellungen:

- Listen to the text from the CD and tick the right box.

David Beckham is …

☐ a football star.
☐ a famous singer.

- Put a tick (✓) under the right answer.
- For question 5–12 tick A, B or C.

True – false-Aufgaben

Hier wird nur danach gefragt, ob eine Aussage zum Gehörten richtig oder falsch ist.

Mögliche Aufgabenstellungen:

- Listen to the text on the CD and say which of the following statements are true or false.
- Tick the right answer.

True – false – not in the text-Aufgaben

Die *true – false*-Aufgaben sind nun um die Kategorie „nicht im Text“ erweitert.

Mögliche Aufgabenstellungen:

- Listen to the text on the CD and say whether the following statements are true, false or not in the text.

Matching-Aufgaben

Bei diesen Aufgaben geht es darum, zueinander passende Dinge zusammenzubringen, z. B.:

- Welcher Sprecher gehört zu welchem Text?
  Oder:
- Welche Überschrift passt am besten?

Dazu findest du oft auch eine Tabelle.

Mögliche Aufgabenstellungen:

- Who says what? Write down the name of the speaker next to the numbers 1–5/letters A–E.
- Choose the correct statement (A–E) for each person (1–5).
- Match the statements 1–5 with speakers A–E.

Fill in-Aufgaben

Bei *fill in-* oder Einsetzaufgaben musst du eine bestimmte Information in einen Satz einsetzen oder stichpunktartig nennen. Es könnte auch sein, dass du einen Lesetext mit Fehlern bekommst und dir der richtige Text vorgespielt wird. Du musst dann die Unterschiede unterstreichen und die richtigen Wörter an den Rand schreiben. Oder du musst ein Bild richtig beschriften. Hier gibt es viele Möglichkeiten.

TIPP

Schreibe bei Einsetzaufgaben immer etwas hin, auch wenn du die gesuchte Antwort nicht genau verstanden hast.

Mögliche Aufgabenstellungen:

- Name reasons why ...
- Listen to the text and complete the statements.
- Underline the wrong words and write down the correct words next to the text.

Answering in *short sentences*

Hier musst du eine Antwort in Satzform liefern.

Mögliche Aufgabenstellungen:

- Write a short sentence about XYZ.
- Explain why ... Write a complete sentence.
- Say, in a complete sentence, why .../how .../when ...

Tipps und Tricks

Raten oder nicht?

Wenn du eine Antwort nicht weißt, hast du zwei Möglichkeiten:
a) raten oder
b) die Aufgabe unbeantwortet lassen.

Dabei ist es ganz wichtig zu wissen, wie die Aufgaben ausgewertet werden. Die entscheidende Frage ist:

▶ Gibt es einen Punktabzug für falsche Antworten, oder zählen nur die richtigen Antworten?

Das ist von Bundesland zu Bundesland verschieden und kann sich natürlich auch kurzfristig ändern. Du musst das unbedingt vor der Prüfung herausfinden. Frage deinen Lehrer oder deine Lehrerin.

TIPP

Gibt es keinen Punktabzug für falsche Antworten – immer eine Antwort ankreuzen!
Gibt es jedoch einen Punktabzug, überlege, ob du die Frage besser offen lässt!

Bei Hörverstehensaufgaben werden meist Frageformen verwendet, die man schnell, vielleicht schon beim Hören, beantworten kann.

Vorsicht: Verneinung

Stell dir vor, du hörst: "Jenny isn't unhappy." und liest diese Aufgabenstellung:

- Tick the right answer.

☐ Jenny is happy.
☐ Jenny is sad.

Richtig ist die erste Antwort "Jenny is happy." Du hast zwar das Wort „unhappy" gehört, aber mit einer Verneinung, „is**n't**", also gilt das Gegenteil, Jenny ist glücklich.

TIPP

Lass dich nicht verwirren!
Lies die Aufgabe genau durch. Beantworte nur die Frage.

Vorsicht: Falsche Freunde *(false friends)*

Es gibt Wörter im Englischen, die hören sich genau so an wie deutsche Wörter, bedeuten aber etwas ganz anderes. Hier spricht man von „falschen Freunden" oder *„false friends"*.

INFO

Achtung! Bei Multiple-Choice-Aufgaben kann das auch vorkommen!

Hier einige Beispiele für *false friends:*

deutsch	richtige englische Übersetzung	zu verwechselndes Wort	deutsche Übersetzung
aktuell	*current*	*actual*	wirklich, tatsächlich
bekommen	*get*	*become*	werden
brav	*good, well-behaved*	*brave*	mutig
prägnant	*striking*	*pregnant*	schwanger

Unter dem Suchwort *false friends* findest du weitere Beispiele im Internet.

Auf Vollständigkeit achten

In der Regel wird beim Hörverstehen nur nach der inhaltlichen Richtigkeit bewertet. Fehler sind nur wichtig, wenn man deine Antwort nicht verstehen kann.
Wenn es aber heißt: „Name three reason why …", nenne auch drei Gründe und nicht nur zwei!
Oder wenn es heißt: „Answer in a complete sentence.", schreibe einen Satz, keine Stichwörter.

Du darfst fragen

Es kann vorkommen, dass Aufgaben unglücklich formuliert sind. Das ist keine böse Absicht, aber es kann passieren. Natürlich kann dir dein Lehrer oder deine Lehrerin nicht die Lösungen verraten, aber wenn eine Aufgabenstellung für dich und deine Klassenkameraden wirklich völlig unverständlich ist, melde dich. Bitte den Lehrer oder die Lehrerin zu dir oder bitte um Erlaubnis, nach vorn zu gehen, und frage nach. Rufe aber nicht in die Klasse!

1.7 Übungen zum Hörverstehen

Jetzt solltest du ausprobieren, ob du die Tipps von oben in der Praxis anwenden kannst. Du solltest mit der Uhr arbeiten und notieren, wie lange du für die einzelnen Aufgaben brauchst. In der Prüfung hast du vorgegebene Zeiten. Lass dich von deiner Lehrerin oder deinem Lehrer darüber informieren. Dann kannst du dich fit machen.

Für die folgenden Übungen brauchst du die CD. Am besten arbeitest du die Übungsaufgaben der Reihe nach durch.

TIPP

- Bereite deinen Arbeitsplatz entsprechend vor.
- Schalte die CD ein und folge den Anweisungen auf der CD.
- Höre die Texte zweimal an.
- Schalte den CD-Player erst aus, wenn die Aufgabe vollständig bearbeitet ist. Für Aufgabe 10 brauchst du mehr Zeit.

In Aufgabe 1 bis 3 geht es um Bestimmtes Hören, in Aufgabe 4 bis 6 um Grob Hören und in den Aufgaben 7 bis 9 um das Genaue Hören.
Die Aufgabe 10 ist wie eine Prüfung. Die Lösungen findest du am Ende des Kapitels. Viel Glück!

Bestimmtes Hören

CD: Track 1

Task 1:

You will hear a tourist in London who is looking for his way on the tube and who is buying a tube ticket.

- First read the statements below.
- Then listen to the text.
- Try to complete the statements while you are listening.
- At the end you will hear the text again.
- You will have 10 seconds after hearing it for the first time and 20 seconds after the second time to check your answers.
- Now you have got 60 seconds to read the statements.

1. The man wants to go to ______________________ .
2. He takes the ______________________ to get there.
3. He changes trains at ______________________ .
4. The direction he has to take is ______________________ .
5. A single fare costs ______________________ .
6. A day ticket costs ______________________ .
7. You can use an off-peak ticket after ______________________ .
8. An off-peak ticket costs ______________________ .

Na, wie hat es funktioniert? Gab es Überraschungen? Kanntest du die Wörter „fare" oder „off-peak ticket"? Vielleicht kanntest du sie nicht, aber das war doch auch nicht so wichtig, oder? Du musstest nur gezielt zuhören und die gesuchte Information heraushören: den Preis oder eine Uhrzeit.

CD: Track 2

Task 2:

You are going to hear a weather forecast on Radio Cornwall.
- First read the tasks below.
- Then listen and tick true or false.
- Remember: you can tick the answers while listening.
- At the end, listen to the text again.

	true	**false**
1. At the weekend temperatures will be higher than they normally are.	☐	☐
2. In the evenings it will be warm.	☐	☐
3. The announcer[1] advises you to wear only a T-shirt the whole weekend.	☐	☐
4. There won't be any rain on Saturday evening.	☐	☐
5. At the beginning of next week, the weather will stay good.	☐	☐
6. On the Scilly Isles you can have a picnic on Sunday morning.	☐	☐
7. It will rain on the Scilly Isles on Sunday.	☐	☐
8. The bad weather will reach Penzance in the course of the night.	☐	☐
9. It will reach Plymouth by Sunday evening.	☐	☐

[1] *Sprecher*

CD: Track 3

Task 3:

You are going to hear a conversation at a hotel.
- First read the statements 1–9.
- Then listen to the text.
- Tick the correct answer while you are listening.
- Then listen to the text again.

1. The name of the hotel is …
   a) ☐ Hotel Miller.
   b) ☐ the Style Hotel.
   c) ☐ Clint's Hotel.

2. The guest's name is …
   a) ☐ Clint Meyer.
   b) ☐ Clint T. Miller.
   c) ☐ Clint Miller.

3. The hotel has made a reservation for …
   a) ☐ today.
   b) ☐ the whole week.
   c) ☐ tomorrow.

4. The hotel is full because there is …
   a) ☐ a festival.
   b) ☐ a big sports event.
   c) ☐ a trade fair.

5. The hotel manager finds a room. It is …
   a) ☐ a room for three.
   b) ☐ the president's suite.
   c) ☐ a honeymoon suite.

6. The room costs a lot of money so the manager offers …
   a) ☐ a discount.
   b) ☐ a free drink.
   c) ☐ both.

7. There are free drinks during happy hours at the hotel …
   a) ☐ every day.
   b) ☐ every weekday.
   c) ☐ every weekend.

8. The manager also offers …
   a) ☐ another room.
   b) ☐ a free night now.
   c) ☐ a free night next time.

9. The guest leaves and says he will give the hotel …
   a) ☐ a negative comment.
   b) ☐ no comment.
   c) ☐ a positive comment.

Grob Hören

CD: Track 4

Task 4:

The students from Santa Barbara High School in California have asked people in their town what they like about California. You are going to hear what they have said.

- First read the statements A–F and the list of persons 1–5.
- Then listen to the students' survey.
- Choose one statement for each person and write the letters (A–F) next to the right name.
- One statement will be left over.
- Now listen to the text again.

A It's great for eating and drinking.

B It's more than the movies.

C It's the perfect state for active people.

D I love everything.

E I love the sea best.

F We've got incredible landscapes here.

1 Paul Stevens: letter ____________

2 Fiona Graber: letter ____________

3 Raul Morales: letter ____________

4 Clara Higgins: letter ____________

5 Jeffrey Brooks: letter ____________

CD: Track 5

Task 5:

You are going to hear a radio show with Tony Harris, who has got some travel tips for London tourists.

- Listen to the programme and answer the questions below.
- Before you listen, read the statements below.
- Then listen to the text and tick what fits best.

1 Stuart:	A	Whenever you come to London you must visit the sights.
	B	If it is your first time in London, you should visit the sights.
	C	There are many things to see, so forget the famous sights.
2 Chloe:	A	London is great for buying trendy clothes.
	B	You can find really fresh food at the markets.
	C	If you want to go shopping, go to the shops.
3 Emma:	A	London sights can be visited again and again.
	B	The Globe Theatre is London's only theatre.
	C	There are many good theatres in London.
4 Paul:	A	You should go dancing.
	B	You should see the sights.
	C	You don't find many clubs.
5 Lisa:	A	London is greener than you think.
	B	There are good bookshops in London.
	C	London is beautiful.

CD: Track 6

Task 6:

Four people (1–4) have bought four different things. What things?

- Write the correct letter next to the four things.

TIPP

Denk daran: Du musst nicht jedes Wort verstehen.

A	computer	__________	B	mountain bike	__________
C	clothes	__________	D	skis	__________
E	mobile	__________	F	digital camera	__________

Genaues Hören

CD: Track 7

TIPP

Hier geht es um **einzelne** Informationen. Vielleicht sind manche Informationen auch „versteckt".
Du hörst die Information: "Sam couldn't concentrate at school. His girlfriend had left him."
Aufgabenfrage: "How did Sam feel?"
Antwortmöglichkeiten: "Sam felt/was sad." Oder: „Sam felt/was angry."

Task 7:

You are going to hear a conversation between two people talking about e-mailing.

- First read the sentences below.
- Then listen to the conversation and tick the right answer.
- Then listen to the text again.

1. Sue checks her e-mails often, because ...
   a) ☐ she has got a lot of e-mails coming in every day.
   b) ☐ she wants to read her e-mails right away.
   c) ☐ she thinks it's necessary.

2. Jeff logs on to his facebook account ...
   a) ☐ not very often.
   b) ☐ often.
   c) ☐ never.

3. He thinks e-mailing is ...
   a) ☐ the best way to keep in touch.
   b) ☐ a necessity.
   c) ☐ good for special occasions, but often a waste of time.

4. Sue thinks e-mailing ...
   a) ☐ consumes too much time.
   b) ☐ is a good way to stay in contact with people worldwide.
   c) ☐ is something you should be careful about.

5. Sue says that social networking sites like facebook …
   a) ☐ are boring.
   b) ☐ should be treated carefully.
   c) ☐ are better than e-mails.

CD: Track 8

INFO

Bullying ist die englische Bezeichnung für Mobbing. Jemand, der andere terrorisiert, ist ein *bully.*

Task 8:

You will hear a radio report on **bullying.**

- Fill in the missing information.

1. Pupils are bullied for many reasons. Write down four reasons.
   1. ______________________________
   2. ______________________________
   3. ______________________________
   4. ______________________________

2. A pupil wants to tell the teacher that somebody is bullying him or her. What kind of talk should the pupil have with the teacher?

   ____

   ____

3. What information must the teacher have to help the pupil?

   ____

   ____

4. What can schools do about bullying? Write down three ideas.
   1. ______________________________
   2. ______________________________
   3. ______________________________

CD: Track 9

Task 9:

You will hear a text about Shakespeare.

- Underline the wrong information in the text and write the correct information next to the text.

Shakespeare is one of the most famous playwrights in the world. He was born in 1546 in this very house in Stratford-upon-Avon. He died in 1616, so he died at the age of 50. We wouldn't say that this is very old, but in Shakespeare's day to make it to 40 was considered old age.

In this, for our standards, relatively short life he produced many pieces of art. He produced poems and plays. So he was not a productive writer and the reason he's still extremely popular today and can be regarded as the most-performed author world-wild is that the themes he chose for his work are universal.

His plays touch us whether we speak English, Italian or Polish. They've touched audiences in the past and will continue to teach audiences in the future. They're about themes that are eternal and concern humanity. Just think of *Romeo and Juliet,* the most famous love story in the world!

Correct information

1564

Mache hier eine Pause. Hast du die Fehler erkannt? Wenn ja, höre nun den Rest des Textes über Shakespeare an.

The language he used is not totally difficult from the English spoken today, but it's not the same either. So some words and some grammatical structures are no longer used in modern English. It's almost like reading a foreign language, because we don't use English in this way anymore. The result is, teaching Shakespeare is difficult.

Although he is difficult to read, Shakespeare is probably the best-performed author in the world. And although we aren't used to this way of writing as the pupils were in Shakespeare's times, his works are still beautiful and every student of English should read at least one of his pays.

Jetzt wird es ernst: So kann die Prüfung aussehen

Zum Abschluss kannst du dein Können nun in einer simulierten Prüfung testen. Die Prüfung dauert 22 Minuten. Sorge also dafür, dass du nicht gestört wirst. Beginne erst mit der Prüfung, wenn du die vorangegangenen Aufgaben gut lösen konntest. Wenn du Probleme hattest, solltest du die Aufgaben wiederholen!

CD: Tracks 10–12

Task 10: Mock Exam

Part 1:

You will hear information about Yosemite National Park.

- Listen and fill in the missing information in the sentences below.

1. Pets must be kept on __________ and may not be left __________ .
2. Name at least one area where pets are permitted. __________
3. If you are blind and need a dog to guide you, telephone 309-________ .
4. Rattlesnakes can be seen up to __________ feet.
5. The snakes are mostly seen by hikers in the __________ hours.
6. Bears will break into cars to __________ .

7. When bears become used to human food, they lose their __________ .

8. All food must be stored in __________ .

9. Where do you report bear problems? __________

Part 2:

You will hear four commercials.

- What are they about?
- Write the correct number (1–4) next to the letters A–F.
  Use each number only once.

A	safe living	__________	B	safe schools	__________
C	safe holidays	__________	D	safe Internet	__________
E	safe eating	__________	F	safe banking	__________

Part 3:

You will hear a person from Britain talking about his time in Germany.

- Listen to the text and tick the right answer.

1. Cyle went abroad in the first place, because …
   a) ☐ it was part of his studies.
   b) ☐ he likes Germany.
   c) ☐ he likes France.

2. He says that before he left …
   a) ☐ his French was better than his German.
   b) ☐ his German was better than his French.
   c) ☐ he could speak both languages well.

3. He says that …
   a) ☐ many people in Britain get a job.
   b) ☐ not many people in Britain learn two foreign languages.
   c) ☐ without a foreign language you don't get a job.

4. When he was in Germany, he ...
   a) ☐ thought the Germans were unfriendly.
   b) ☐ was often invited to people's homes.
   c) ☐ had no friends.

5. It's true that ...
   a) ☐ everyone in Britain drinks tea.
   b) ☐ many Germans think that everyone in Britain drinks tea.
   c) ☐ tea is always served at 4 o'clock.

6. Cyle thinks living abroad helps you ...
   a) ☐ to understand the people better.
   b) ☐ only to learn the language.
   c) ☐ to get a good school report.

Lösungen zu den Hörverstehensübungen

Task 1

1. Piccadilly Circus
2. tube
3. South Kensington
4. Upminster
5. 4 pounds
6. 7.20 pounds
7. 9:30 a.m.
8. 5.60 pounds

Task 2

1. true	6. false
2. false	7. true
3. false	8. false
4. true	9. false
5. false	

Task 3

1. b)	6. c)
2. c)	7. b)
3. c)	8. c)
4. b)	9. a)
5. c)	

Task 4

1	Paul Stevens:	letter E
2	Fiona Graber:	letter A
3	Raul Morales:	letter F
4	Clara Higgins:	letter C
5	Jeffrey Brooks:	letter B

Task 5

1	Stuart:	B
2	Chloe:	A
3	Emma:	C
4	Paul:	A
5	Lisa:	A

Task 6

B	mountain bike	speaker 1
D	skis	speaker 3
E	mobile	speaker 4
F	digital camera	speaker 2

Task 7

1. b)
2. a)
3. c)
4. b)
5. b)

Task 8

Lösungsvorschlag

1. being overweight/being thin/being popular/being successful/colour of hair/looks
2. Nobody should see or hear you talking, because the bullied pupil needs a feeling of safety.
3. The teacher needs to know who the bully is and how often and when it happened.
4. Give pupils the teacher's private phone number.
   Arrange a playground buddy.
   Set up a peer support scheme.
   Set up extra patrols for certain areas.

Task 9

Fehler im Text:	richtige Angaben:
1546	1564
50	52
not a productive writer	an extremely productive writer
world-wild	worldwide
teach	reach
difficult	different
teaching	reading
best-performed	most-performed
pupils	people
pays	plays

Task 10

Part 1

1. on leashes/unattended
2. Valley Floor, Happy Isles Nature Center, Mirror Lake Parking Lot
3. 874-5397
4. 9,000 feet
5. morning
6. obtain/get/find food
7. instinctive fear of humans
8. metal food storage boxes/storage boxes/metal boxes
9. the next park ranger

Part 2

A	safe living:	text 3
D	safe Internet:	text 2
E	safe eating:	text 4
F	safe banking:	text 1

Part 3

1. a)
2. a)
3. b)
4. b)
5. b)
6. a)

2 Leseverstehen *(Reading Comprehension)*

Reading comprehension – das kennst du doch schon! Damit soll dein Leseverstehen geprüft werden. Also wirst du in der Prüfung Aufgaben zu lösen haben, die genau das deutlich machen: Ich habe verstanden, um was es in diesem Text, in diesem Fahrplan, in dieser Zeitungsanzeige, in diesem Zeitungsartikel, in dieser Gebrauchsanleitung, in diesem Sachtext geht.
Dazu musst du die Aufgabenstellungen dieser Prüfungsaufgaben, also die Aufgabensorten, verstehen. Keine Angst, sie sind dir alle im Laufe deines Englischunterrichts schon begegnet. Hier kannst du deine Erinnerung auffrischen, Lücken in der Erinnerung auffüllen und auch die englischen Begriffe für die einzelnen Formate noch einmal genau lernen und dir einprägen. Das hilft dir dann, gelassen und mit sicherem Wissen in die Prüfung zu gehen.
Außerdem ist es sicher hilfreich, wenn du noch einmal nachlesen kannst, welche Techniken, Strategien und welches methodische Wissen du kennen solltest. Auch hier hast du wieder die Möglichkeit, Lücken zu schließen und dann dein jetzt wieder komplettes Wissen für die Prüfung optimal bereitzustellen.
Schließlich findest du zu allen oben erwähnten Bereichen Beispiele mit Lösungen, damit das alles nicht „graue Theorie" bleibt. Und schon geht's los!

2.1 Aufgabenformate für das Leseverstehen

Die Aufgabenstellungen werden dir in der Prüfung in englischer Sprache begegnen. Hier erhältst du oft noch eine Übersetzung, eine Erklärung dazu. Später musst du auch ohne Hilfestellung wissen, was du tun sollst.

Hier zunächst eine Übersicht der möglichen Aufgabentypen.

True – false-Aufgaben

Informationen dazu findest du im Kapitel „Hörverstehen" (Seite 10).
Hier noch einmal ein Beispiel:

Mögliche Aufgabenstellung:
- Tick the correct answer

	true	**false**
The lion is in the cage.	☐	☐

The zookeeper is in the cage, too.	☐	☐
The lion is attacking the zookeeper.	☐	☐
The zookeeper is feeding the lion.	☐	☐

Multiple-Choice-Aufgaben

Bei dieser Form erhältst du verschiedene Antwortmöglichkeiten. Die jeweils richtige musst du ankreuzen.

Mögliche Aufgabenstellung:

- Mark the statement that goes with the information in the text.

The trains go ...
a) ☐ every hour.
b) ☐ every half hour.
c) ☐ every full hour.

Labelling/ordering information

Wenn du diese Aufforderung findest, sollst du die Informationen aus dem Text bezeichnen bzw. in eine Reihefolge bringen. Das könnte so aussehen:

Mögliche Aufgabenstellung:

This is part of today's television programme.
8:00 Nationwide
8:30 Bedouins in the Negev
9:30 Worldwide
10:00 Star Wars II
12:15 Nationwide
12:30 Hally goes to Hollywood (123)
13:00 Worldwide
13:30 Terra X: Mysteries in the Brazilian Jungle
14:30 Nationwide
15:00 Who wants to be a millionaire?
16:00 Mr Bean
17:30 Worldwide

- Label the different kinds of programme:

NEWS
SOAPS
DOCUMENTARIES
FILMS
QUIZ SHOWS

Matching

Bei dieser Aufgabe sollst du passende Teile einander zuordnen. Das können zerschnittene Sätze sein. Du könntest auch aufgefordert sein, einzelnen Textabschnitten die passende Überschrift zuzuweisen.

Matching phrases

Mögliche Aufgabenstellung:

- Match the phrases and put the correct parts together.

A YESTERDAY I WENT
B AT THE BUS STOP
C TO SCHOOL AT 7:30.
D SHE WAS VERY EXCITED
E BECAUSE SHE MET THE GOOD-LOOKING BOY FROM THE DISCO
F I WAITED FOR MY FRIEND SUSAN

A	...	...
...	...	...

Beispiellösung		
A	B	D
C	F	E

Matching paragraphs

Mögliche Aufgabenstellung:
- Write the number of the matching paragraph next to the title.

Good luck at last	paragraph ...
Discussing a plan	paragraph ...
Looking and booking	paragraph ...

Questions on the text

Du erhältst Fragen zum Text, die du beantworten sollst. Bei dieser Aufgabe findest du keine Vorgaben, du kannst also die Antworten aus dem Text heraussuchen. Dabei gibt es mehrere Möglichkeiten:
- Du kannst die Textstelle genau übernehmen.
- Du musst die Antwort selbst formulieren, weil es keine exakt zu übernehmende Textstelle gibt.
- Du kannst mit Einzelwörtern oder Wortblöcken antworten.
- Du sollst in ganzen Sätzen antworten.
- Wie du Sätze formulierst, kannst du im Kapitel „Schreiben" (S. 43) genauer nachlesen.

Summary

Diese Aufgabe verlangt von dir, eine Inhaltsangabe zu einem Text zu verfassen. Hierzu kannst du wieder im Kapitel „Schreiben" (s. S. 43) nützliche Hinweise finden.

▶ Bei der Inhaltsangabe solltest du auf einiges achten:
- Du schreibst in der Gegenwartsform: *present tense (present simple, present progressive).*
- Du schreibst das Wichtigste in kurzen Sätzen.
- Du beantwortest die dir bekannten W-Fragen: *Wer? Was? Wann? Wo? Wie? (Who? What? When? Where? How?)*
- Manchmal kannst du auch Wortblöcke oder Ausdrücke aus dem Text übernehmen.

Es kann sein, dass du eine Vorgabe für die Anzahl von Wörtern bekommst. Achte darauf und versuche, diese zu erreichen. Zähle also deine Wörter und schau, ob du noch etwas hinzufügen kannst, wenn du die vorgesehene Menge noch nicht erreicht hast.

Write-in answers

Bei diesem Aufgabenformat handelt es sich um den dir vertrauten Lückentext. Er kann dir in zwei Varianten begegnen:

1. Du findest einen Lückentext und dazu eine Auswahl an Wörtern oder Wortblöcken, die du dann passend einsetzen musst.
2. Du findest einen Lückentext und musst selbstständig die passenden Wörter finden und einsetzen.

Bei beiden Möglichkeiten solltest du dich im Text vergewissern, ob deine Lösungen auch zu den Textaussagen passen.

Mögliche Aufgabenstellung:

- Read the text and fill in the gaps.

Oder:

- Fill in the gaps with the words given.

Questionnaire

Ein *questionnaire* ist ein Fragebogen, den du ausfüllen musst. Dabei gibt es teilweise vorformulierte Antworten, die du ankreuzen musst, ähnlich wie im Multiple-Choice-Verfahren, aber es gibt auch Fragen, die frei beantwortet werden müssen.

2.2 Methodenwissen/Strategien/Arbeitstechniken

Jetzt kannst du einen Überblick gewinnen, welche Methoden sich gut eignen, um einen Text zu verstehen und schnell das Wichtigste herauszufiltern. Du kannst wieder dein Wissen überprüfen, auffrischen und das Anwenden der Methoden und Strategien erneut kompakt üben.
Und los geht's!

Lesetechniken

Auf welche Weise kannst du einen Text am besten verstehen? Das kann je nach Textsorte und auch nach Lerntyp unterschiedlich sein. Am besten probierst du alles einmal aus und notierst, welche Technik dich am schnellsten ans Ziel gebracht hat.

TIPP

Merke dir, welche Technik dich am schnellsten zum Ziel führt.
Übe sie besonders, damit du darin fit bleibst.

Überfliegen

Dabei liest du den Text, ohne innezuhalten, wenn du auf eine unbekannte Vokabel stößt, du „überfliegst" sie einfach. Meistens erschließt sich der Sinn des Textes oder das Thema dann beim Weiterlesen. Wichtig hierbei ist, dass du in einem Stück liest. Am Ende solltest du sagen können, um welches Thema es sich handelt und einen groben, ersten Überblick über den Inhalt geben können.

Erschließendes Lesen

Erschließendes Lesen heißt, du benutzt „Schlüssel", die dir den Text „aufschließen". Es gibt verschiedene „Schlüssel". Du probierst sie aus, kombinierst auch manchmal zwei oder drei, je nach Textsorte und Lerntyp. Teste die „Schlüssel" und stelle dann deinen eigenen „Schlüsselbund" zusammen.

Schüssel Nr. 1: Vorwissen klären

Wenn du einen Text siehst, kennst du manchmal schon nach dem Lesen des Titels (der Überschrift) das Thema. Dann kannst du sofort überlegen, ob dir das Thema schon einmal begegnet ist und was du schon darüber weißt. Dabei fallen dir auch Begriffe ein. Du weißt einfach, dass zum Beispiel bei dem Thema „Fahrplan" Wörter wie „Zeit", „Zug", „Abfahrt", „Bus", „Verspätung" oder „Bahnsteig" eine Rolle spielen. Das funktioniert auch im Englischen.
Notiere alle Wörter zum Thema „At the zoo", die dir auf Englisch einfallen. Du wirst staunen, wie viel du schon zu diesem Thema weißt.
Das kannst du jetzt auch mit anderen Themen ausprobieren. Nimm zum Beispiel aus dem Kapitel „Sprechen" die Themenübersicht (S. 80) und teste dein Vorwissen zu zehn Themen.
Wenn du bei einem Text nicht direkt durch den Titel auf das Thema schließen kannst, überfliegst du den Text erst und setzt dann den Schlüssel „Vorwissen" ein.

Schlüssel Nr. 2: Eigene Fragen zum Text stellen

Hier sind die wichtigsten Fragen als Checkliste im Überblick:

CHECKLISTE

Wer sind die handelnden Personen?

Was machen/tun die Personen?	**Was** passiert?
Wann tun die Personen das?	**Wann** passieren die Dinge?
Wo befinden sich die Personen?	**Wo** passieren die Dinge?
Wie handeln die Personen?	**Wie** passieren die Dinge?
Warum handeln die Personen?	**Warum** passiert etwas?
Für wen ist der Text geschrieben?	**An wen** richtet sich der Text?

Wenn du angeben sollst, wie du den Text findest, sollen meist auch die Gründe angegeben werden. Wenn du das dann auch gleich auf Englisch versuchst, hast du schon eine Basis für diesen möglichen Aufgabenteil.

Schlüssel Nr. 3: Text strukturieren – Schlüsselwörter

Mit dieser Methode gewinnst du einen etwas ausführlicheren Überblick über den Text. Du hast bestimmt schon mit Schlüsselwörtern gearbeitet. Dazu brauchst du als Handwerkszeug Stifte in verschiedenen Farben und ein Lineal. Wenn du schon den Schlüssel Nummer 2 bearbeitet hast, geht das mit den Schlüsselwörtern noch schneller. Denn es sind oft genau die Kurzantworten auf die W-Fragen, die gleichzeitig auch die Schlüsselwörter sind.
Unterstreiche nun während des genauen Lesens alle Personen, Tätigkeiten (Verben), dazu gehörende Nomen, Zeitangaben und Ortsangaben. Wenn du möchtest, kannst du für die verschiedenen Angaben verschiedene Farben benutzen. So kannst du sie leichter mit einem Blick überschauen.

Schlüssel Nr. 4: Text strukturieren – Abschnitte mit Überschriften versehen

Du kannst den Inhalt klären, indem du Überschriften für die vorgegebenen Textabschnitte aufschreibst. Die Überschriften können aus kurzen Sätzen, Wortblöcken oder nur aus einem treffenden Wort bestehen.

Schlüssel Nr. 5: Unbekannte Wörter klären

Auch wenn du für das Textverständnis nicht unbedingt jedes einzelne Wort verstehen musst, ist es doch notwendig, unbekannte Wörter zu klären. Dazu verschaffst du dir zunächst einen Überblick, indem du alle unbekannten Wörter markierst. Wenn du jemand bist, der durch das Schreiben von Wörtern auch besser Dinge einordnen kann, solltest du die Wörter in eine Liste schreiben.

Schlüssel Nr. 6: Inhalte zusammenfassen

Das geschieht mithilfe von kurzen Sätzen. Eine hilfreiche Grundregel dabei ist, pro Abschnitt ein bis zwei Sätze zu formulieren. Der erste Satz sollte in der Regel das Thema benennen. Das gleicht dann in der Grundstruktur einer Inhaltsangabe oder *summary* (siehe auch S. 30).
Eine andere Methode fasst den Inhalt nach Aussagen zum gleichen Thema zusammen, auch wenn sie im Text an verschiedenen Stellen stehen. Du schaust beispielsweise nach, ob bei einer Information am Ende noch etwas hinzugefügt ist, was zu einer Information weiter oben im Text passt und schließt diese beiden Infoteile zusammen.

TIPP

Probiere diese Methoden an verschiedenen Textsorten aus. Auf diese Weise stellst du für die Prüfung eine persönliche, individuelle „Werkzeugkiste" bereit, die du schnell zur Verfügung hast.

2.3 Textbeispiele

Informationen aus Texten entnehmen

Die Texte in den Prüfungen können verschiedenen Formaten entstammen. Es kann sich um Zeitungsanzeigen, Zeitungsartikel, Texte aus dem Internet, Fahrpläne, Broschüren zu touristischen Informationen, technische Informationen wie in Gebrauchsanleitungen, einfache Sachtexte oder auch literarische Texte handeln. Zur letzten Möglichkeit findest du Beispiele im Kapitel „Schreiben" (S. 66).

Zeitungsanzeige

In der Prüfungsaufgabe findest du zum Beispiel folgende Anweisung:

- Read the advert.
- Then work on the tasks 1 – 3.

Best in Town

Fit for your dream job?
Best chances guaranteed!
Be the winner. Join the team.
You want to get a good school report with high marks, because you want your dream job. We help you to be in the winning team. We offer help with all school subjects. We have the most competent instructors for young people like you at a phenomenally low price.
Interested? Contact us straight away. ✆ 01 23 45 / 98 76 54 or www.best-in-town.de

Jetzt rückst du dem Text erst einmal mit den oben beschriebenen Schlüsseln zu Leibe. Dann bearbeitest du die Aufgaben. Lösungen findest du am Ende des Kapitels (S. 42).

Task 1:

- Tick the correct statement.

The advert offers …

a) ☐ dream jobs.
b) ☐ help to get high school marks.
c) ☐ team workers.

Task 2:

- Match the phrases and put the correct parts together.

1	You can make contact by	A	to be in the winning team.
2	They have competent teachers	B	because you want your dream job.
3	You want high marks	C	telephone or on the Internet.
4	They guarantee	D	day and night.
5	You can contact them	E	at low prices.
6	They help you	F	best chances.

Task 3:

- Sum up the information given. Write sentences. Write at least 40 words.

Zeitungsartikel

Deine Arbeitanweisung lautet:

- Read the text. Then answer the questions below.

BAD LUCK – GOOD LUCK

15-year-old Sean from Pontrose Comprehensive had a terrible time early on Saturday morning.

He told the story during an interview on Sunday morning after the performance. His school rock band had been invited to perform in the town hall of Dunstanton on the occasion of the visit of H.R.H. the Duke of Edinburgh. The Prince came to congratulate this year's winners of the DUKE OF EDINBURGH AWARD and hand out the documents to Jane A., Peter D. and Brian H., all 18, who had taken part in the Award since they were 8. For the town of Dunstanton it's a great honour that the Prince accepted the invitation. The ceremony was to be held as part of the annual Youth Festival.

The night before the event Sean had prepared everything he needed carefully: He checked his uniform – white shirt, red tie and black jeans – and his electric guitar equipment. On Saturday morning he was very anxious to get ready in time and left the house early. At the town hall the sound check was perfect and everything was still OK. Then the shock: He couldn't sing a single note. His voice had gone. And he was the lead singer! Frantically he tried to clear his throat. Nothing! The band members ran to find a hot drink – no way! What could they do? Time was running out. Poor Sean. He was desperate. He imagined the headlines: Disaster in town hall at DUKE OF EDINBURGH AWARD ceremony – Rock singer voiceless. Suddenly he remembered what his grandfather had advised him once: Before you start to sing always clear your throat with a good sip of Scotch whisky. His mother had stopped grandpa right away when he wanted to teach Sean how to do it. But now it seemed the only way to get his voice back. The catering lady had just started to prepare the drinks for the adults and there was a bottle of whisky, too. He sneaked to the table and in no time had his good sip. Done! He tried to sing a few notes and then – his voice was clear and smooth again. He went backstage and though the other band members were curious to know how he managed to get his voice back, he only smiled and said: "Thanks to my grandpa."

But he really doesn't know if it was the whisky or not and he doesn't want to try it out more often. He says he will now always take a flask with hot herbal tea to clear his throat because he was a bit afraid that the whisky could become a habit that he didn't want to have.

Bevor du nun die Fragen beantwortest, suchst du dir wieder die passenden Methoden aus, um den Inhalt zu verstehen.

1. Who is the lead singer?
2. Where did the band perform?
3. On what occasion did they play?
4. What was Sean's "Bad Luck"?
5. What was his "Good Luck"?

Internetseite

- Read the Internet page. Then answer the questions and tick the correct answer.

Clicking Friends

You are new in our town? You are under 18? You want to make friends easily? You want to talk about your problems? You want to get in contact with a lot of people?

TOWN CHAT U18 is your choice. Try us. We promise: You'll be delighted.

We offer:	Free chatting for 2 weeks Safe links Telephone hotline 24 hours at low rate
We guarantee:	Users under 18 only Safety updates every 6 hours Qualified IT staff
Special service:	Flat-rate tariffs at a phenomenally low price for the first three months of your membership No extra cost for your individual blog page

Apply for your test membership now. Full membership for one year as follow-up after two weeks. Monthly payment. If you are not satisfied, you are entitled to cancel full membership after your test weeks without any obligation, or at any time after.

For further information click here: www.townchatU18.de-contact

Jetzt weißt du schon, dass du dir den Inhalt zuerst erschließen musst, bevor du an die Aufgaben zum Text gehst. Also, an die Arbeit!

		true	false
1.	TOWN CHAT U18 is a chat room for young people.	☐	☐
2.	You can test TOWN CHAT U18 for three weeks.	☐	☐
3.	They offer international links.	☐	☐
4.	There is a hotline.	☐	☐
5.	They guarantee safety updates.	☐	☐
6.	Flat-rate tariffs are very low in price.	☐	☐
7.	You must join for one year at least.	☐	☐
8.	You must phone them for further information.	☐	☐

Gebrauchsanleitungen

Du kannst erwarten, dass es um Dinge geht, die du aus deinem Alltag schon kennst. Ein Beispiel wird es dir leichter machen, mit den Aufgaben zurechtzukommen.

- Read the text. Then work on the tasks.

Directions for use

For use in microwave ovens only.

1 Open popcorn cardbord box.
2. Take out one bag.
3. Keep bag closed until cooked.
4. Place bag in microwave oven sideways, opening left.
5. Set timer: 4 minutes.
6. Close microwave oven completely.
7. Push START button.
8. Leave in for another 30 seconds after beep.
9. Open door, take out bag. Protect hands! Hot!
10. Open carefully. Danger! Hot steam likely! Mind your face!
11. Put in bowl to serve.

Contains three helpings of popcorn.

Task 1:

- Order the sentences. Number the letters A–L with the numbers 1–12.

		number
A	You need a bowl to serve.	☐
B	You must be careful when you open the bag.	☐
C	After the set time you have to leave the bag for 30 seconds.	☐
D	The bags are in a cardboard box.	☐
E	You can cook only one bag at a time.	☐
F	The popcorn requires 4 minutes for cooking.	☐
G	The door of the microwave oven has to be shut.	☐
H	You can push the START button.	☐

I	You must place the bag with the opening on the left.	☐
J	You must not open the bag before placing it in the microwave.	☐
K	Protect your hands before you take out the bag.	☐

Kläre nun zuerst wieder, ob du alle Angaben verstehst. Überlege, ob du durch dein Vorwissen den Vorgang kennst – du hast vielleicht schon einmal Popcorn in der Mikrowelle zubereitet. Dann überprüfe unbekannte Wörter.
Bei dieser Aufgabe bietet es sich an, mit Schlüsselwörtern zu arbeiten. Suche in jeder Aussage von 1–12 das Schlüsselwort, das zu einem Satz A–L passt und vergleiche dann genau den Inhalt der beiden Sätze.

Task 2:

- Label the directions. Which are safety instructions? Which are cooking instructions?

Cooking instructions:
Number: ☐ ☐ ☐ ☐ ☐ ☐ ☐ ☐

Safety instructions:
Number: ☐ ☐ ☐

Sachtexte

Hier ist auch dazu ein Beispiel:

- Read the text. Then work on the task below.

How to avoid fast food – a new programme in English schools

The NHS (National Health Service) give information in their latest newsletter about a research programme the National Society for Healthy Nutrition (NSHN) carried out in late September and October. This is what they found out:

A lot of people especially young people and even very young children are basing their daily food more and more on fast food. The National Society for Healthy Nutrition went into the topic and found some alarming facts.
More than 40% of the adult population go for fast food for lunch, another 30% have fast food for dinner at least three times a week. Single-parent families provide their children with money to buy food rather than preparing healthy meals. These are alarming facts. Fast food generally cannot be blamed and made responsible because it offers fresh vegetables and salad and fat-reduced lean meat products which contain vitamins and sufficient nutrients. The problem is that young people and children prefer chips topped with sauces containing fat and tomato ketchup containing too much sugar. Dishes containing fruit are not often on the menu in fast food chains and are rarely chosen. The NSHN has now designed a programme for schools to teach students to prepare healthy meals that taste good, are fun and are not costly. They found highly qualified cooks as volunteers to go into schools and coach the courses. Nationwide there are 12 comprehensive schools and 21 primary schools involved in the programme. "Cook your favourite and stay healthy" is sponsored by the NHS and is attracting more and more interest. First results indicate that the programme is a really good way to help kids to eat healthily and have fun. Some of them who had already started becoming overweight and felt unhappy about being teased as "Miss Piggy" even lost some weight and feel much better now and will definitely carry on after the courses. Local and regional school authorities and teachers' unions support the programme and will introduce it to the national curriculum board.

- Fill the gaps. Use the words below.

A newsletter published by the ______________ has information about a ______________ programme in English ______________ . The NSHN ________________ a ______________ programme. That started in late September and October. Young people and ______________ eat too much ______________ . They get ____________ and buy mostly chips with lots of sauces ____________ and ____________ . They don't buy dishes with

____________ or ____________ . The new programme "Cook your __________ and stay __________ " teaches them to prepare meals and have __________ . The coaches are highly qualified __________ who work without ____________ . Unhappy overweight children lost weight and are ____________ again. Teachers think it is worthwhile to have the programme offered in all ________ nationwide.

Word list:

carried out	children	cooks	dishes	containing fat	
favourite	fruit	fun	happy	healthy	
money (2 x)		National Health Service		new	research
schools (2 x)		tomato ketchup		vegetables	fast food

Du kannst nun ausprobieren, welche Schlüssel dir am besten helfen. Versuche, ob es mit Schlüsselwörtern klappt, die du im Aufgabentext und im Lückentext findest. Natürlich darfst du auch eigene, schon erprobte Methoden anwenden, um diese Aufgabe zu lösen.

Für literarische Texte kannst du die Texte aus dem Kapitel „Schreiben" (S. 66) als Beispiele bearbeiten.

Lösungen zu den Aufgaben in diesem Kapitel

Lösungen zu *Best in Town* (S. 34)

Task 1

The advert offers ...
b) help to get high school marks.

Task 2

1	2	3	4	5	6
C	E	B	F	D	A

Task 3

Beispiellösung

The advert offers help to get high school marks in all school subjects. They guarantee best chances. They have competent instructors. The prices are low. You can get in contact by telephone or on the Internet. You can contact them 24 hours a day. The advert tells you the telephone number and the web address. *(53 words)*

Lösung zu *Bad Luck – Good Luck* (S. 35)

1. Sean
2. in the town hall of Dunstanton
3. the visit by the Duke of Edinburgh
4. His voice had gone.
5. He remembered his grandfather's advice.

Lösung zu *Clicking Friends* (S. 37)

True: 1, 4, 5, 6
False: 2, 3, 7, 8

Lösungen zu Gebrauchsanleitungen (S. 38)

Task 1

A	11	G	6
B	10	H	7
C	8	I	4
D	1	J	3
E	2	K	9
F	5		

Task 2

Cooking instructions:
number 1, 2, 4, 5, 6, 7, 8, 11
Safety instructions:
number 3, 9, 10

Beispiellösung zu Sachtexten (S. 39)

National Health Service – research – schools – carried out – new – children fast food – money – containing fat – tomato ketchup – fruit – vegetables – favourite – healthy – fun – cooks – money – happy – schools

Teil II: Texte erstellen

3 Schreiben (*Writing*)

3.1 Den Wortschatz aktivieren

▶ Wenn du zu einem Thema
- eine Stellungnahme schreiben sollst,
- von deinen Erlebnissen berichten willst,
- einen Brief oder eine E-Mail verfassen sollst,
- dir eine Geschichte ausdenken möchtest
- oder etwas zusammenfassen musst,

machst du dir erst einmal Gedanken.

▶ Was ist das Thema? Worüber möchte ich schreiben? Was ist wichtig?

Wie machst du weiter?

- Aktiviere deinen englischen Wortschatz zum Thema.
- Schreibe alle Wörter, die dir einfallen, in ein *word web*.

TIPP

Benutze das Wörterbuch, wenn dir die englischen Wörter nicht einfallen.

Two steps to make a word web

Step 1: *What's the topic?* Was ist das Thema?	• Schreibe das Thema als Begriff in die Mitte eines DIN-A4-Blattes. • Umkreise den Begriff.
Step 2: *Find words and ideas.* Sammle Ideen.	• Schreibe alle Wörter und Ideen in Stichwörtern um dein Thema herum. • Verbinde die Stichwörter durch Linien mit dem Thema in der Mitte. Es entsteht die Form einer Sonne.

Beispiel: Ein *word web* zum Thema „work experience".

3.2 Ideen ordnen und sortieren

Aus deinem *word web* machst du jetzt einen Cluster. Der Cluster hilft dir, deine Wörter und Ideen zu sortieren. Was gehört zusammen?

Three steps to change a word web into a cluster

Step 1: *Mark your ideas.* Markiere deine Ideen.	• Umkreise die Wörter und Gedanken in deinem *word web.*
Step 2: *Connect your ideas.* Verbinde deine Ideen.	• Verbinde zusammengehörende Gedanken oder Wörter mit Linien oder markiere sie mit einer bestimmten Farbe.
Step 3: *Check your ideas.* Werte deine Ideen aus.	• Betrachte deinen Cluster: Was ist besonders wichtig? • Markiere diese Wörter.

Beispiel: Ein *Cluster* zum Thema „work experience".

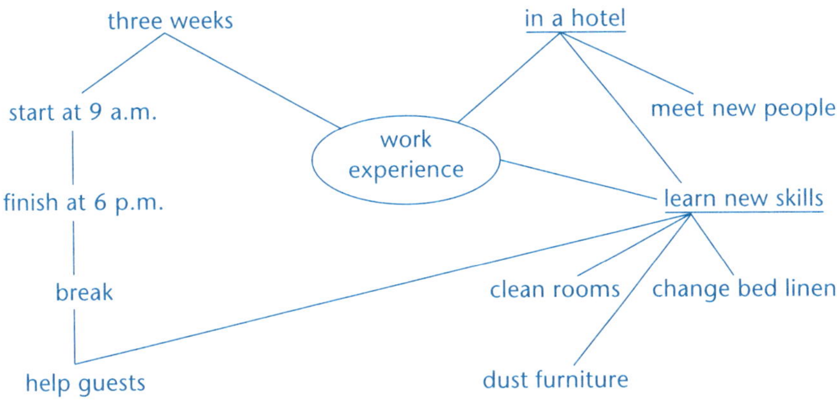

3.3 Von Stichwörtern zum Text

- Look at your cluster.
- Think about your topic.
- Think about the right tense.
- Write sentences.
- At the end look for a title.

Bevor du mit dem Schreiben beginnst, lege eine Reihenfolge für deine Stichwörter fest. Orientiere dich an der Reihenfolge der Fragewörter:

who, what, when, how long, where, how, why.

Die Stichwörter, die du im Cluster miteinander verbunden hast, gehören inhaltlich zusammen und bilden einen Themenblock. Der wichtigste Gedanke eines Themenblocks steht jeweils an den Anfang des Blocks.

Entscheide, welche Zeitform du benötigst.

Nun schreibst du deine Ideen aus dem Cluster in kurzen, einfachen Sätzen hintereinander auf.

Der Bauplan einfacher englischer Sätze sieht so aus:

subject	*verb*	*object*	*place/time*
wer	tut	was	wo/wann
I	*did*	*work experience.*	
I	*worked*		*in a hotel last summer.*
I	*helped*	*guests.*	

Beispiel: Kurze, einfache Sätze zum Thema „work experience"
(Zeitform: *past simple* – Vergangenheit)

> ***My work experience in a hotel***
> *I did work experience. It lasted three weeks. I worked in a hotel. I started at 9 a.m. I finished at 6 p.m. I had a break. I cleaned rooms. I changed the bed linen. I dusted the furniture. I helped guests. I learned skills. I met people. I answered the phone. I spoke English*

3.4 Bringe deinen Text zum Glänzen!

Du willst deinen Text interessanter machen und mit einer guten Note glänzen? Kein Problem. In diesem Kapitel erfährst du, wie das geht.

▶ Zum Glänzen bringst du deinen Text:
- mit passenden Adjektiven *(boring, new, interesting),*
- mit Verbindungswörtern *(and, or, because),*
- mit Häufigkeitsadverbien *(never, often, sometimes),*
- mit Zeitangaben *(in the morning, at 3 p.m.),*
- mit Ortsangaben *(at home, in Germany),*
- mit unterschiedlichen Satzanfängen *(first, later, after a week),*
- mit Bewertungen und Vergleichen *(better than),*
- mit deiner Meinung zum Thema *(I think, for me).*

Adjektive

Adjektive benutzt du, um Personen, Gegenstände oder Erlebnisse zu beschreiben.

Beispiele: *The work was boring.*
I learned new skills.

Der Bauplan von einfachen Sätzen mit Adjektiven sieht so aus:

subject	***verb***	***adjective***	***object***
		wie	
The work	*was*	*boring.*	
The hotel	*was*	*nice and clean.*	
I	*learned*	*new*	*skills.*

Die Sätze aus dem Beispieltext kannst du mit Adjektiven zum **Beispiel** so erweitern:
*I learned **new** skills. I met **interesting** people.*

Verbindungswörter

▶ Mithilfe von Verbindungswörtern kannst du
- Hauptsätze miteinander verbinden,
- Nebensätze bilden.

Solche Verbindungswörter nennt man Konjunktionen.

Konjunktionen	
and	und
but	aber
although	obwohl
after	nachdem
when	wenn, als
or	oder
because	weil
before	bevor
until	bis
if	wenn, falls

Verbindung von Hauptsätzen

In einem Hauptsatz werden wichtige Informationen wiedergegeben. Man kann zwei Hauptsätze miteinander verbinden, wenn die Informationen zueinander passen.
Um zwei Hauptsätze zu verbinden, brauchst du meistens die Verbindungswörter (Konjunktionen) *and*, *or* oder *but*.

Hauptsatz	Verbindungswort	Hauptsatz
The hotel was nice	***and***	*my boss was nice, too.*
After work I went swimming	***or***	*I visited my friends.*
The work was boring	***but***	*I learned new skills.*

Verbindung von Hauptsatz und Nebensatz

Du kannst auch Sätze bilden, die aus einem Hauptsatz und einem Nebensatz bestehen. Im Nebensatz sind oft Zusatzinformationen eingebaut.

Hauptsatz	Verbindungswort	Nebensatz
I worked in a hotel	***because***	*I am good at languages.*
I liked working in the hotel	***although***	*it was often boring.*
I had to clean the rooms	***before***	*I had my break.*

Beispiel zur Verbindung von zwei Hauptsätzen:
I learned new skills ***and*** *I met interesting people.*

Häufigkeitsadverbien

Manchmal ist es wichtig oder interessant auszudrücken, wie oft man etwas getan hat oder wie oft etwas passiert ist. Dafür benutzt man Häufigkeitsadverbien.

Häufigkeitsadverbien	
sometimes	manchmal
always	immer
usually	üblicherweise
hardly ever	fast nie
often	oft

never	nie
normally	normalerweise
seldom	selten

Der Bauplan für Sätze mit Häufigkeitsadverbien sieht meist so aus:

subject	***adverb***	***verb***	***object/place/time***
	wie oft		
I	*always*	*had*	*a break at 1 o'clock.*
I	*normally*	*finished*	*work at 4:30 p.m.*
My boss	*sometimes*	*allowed*	*me to go home earlier.*
My parents	*seldom*	*stay*	*in a hotel.*

Beispiel zur Verwendung von Häufigkeitsadverbien:
I ***often*** *learned new skills and I* ***sometimes*** *met interesting people.*

Zeitangaben

- Informationen zum Zeitpunkt sind wichtig für das Textverständnis:
  - Sie geben deinem Text eine zeitliche Struktur.
    (In welcher Reihenfolge ist etwas passiert?)

Angaben zum Zeitpunkt einer Handlung oder einer Tätigkeit können am Satzanfang oder am Satzende stehen. Steht die Zeitangabe am Satzanfang, so wird sie besonders hervorgehoben.

Wörter, die die Zeit angeben	
in the morning	morgens
at noon	mittags
in the afternoon	nachmittags
in the evening	abends
at night	nachts

at 8:30 a.m.	morgens um 8:30 Uhr
at 7:30 p.m.	abends um 19:30 Uhr
during the week	in der Woche, unter der Woche
at the weekend	am Wochenende
on Monday	am Montag
in summer	im Sommer

Der Bauplan für Sätze mit Zeitangaben sieht so aus:

time	***subject***	***verb + object***	***time***
			wann
During the week	*I*	*was very busy.*	
	I	*started work*	*at 7:30 a.m.*
In the evening	*I*	*met my friends.*	
	I	*worked long hours*	*on Mondays.*

Mit einer Zeitangabe könnte der Satz aus dem Beispieltext so aussehen:
During the week I often *learned new skills and I sometimes met interesting people.*

Ortsangaben

Handlungen sind oft mit Orten verbunden. Fußball spielt man auf dem Fußballplatz; das Essen wird in der Küche zubereitet. Auch die Gewohnheiten von Menschen sind abhängig von Orten. Sie unterscheiden sich von Land zu Land.

- Ortsangaben geben deinem Text eine räumliche Struktur:
  (Wo ist etwas geschehen?)

Wörter, die den Ort angeben	
at school	in der Schule
at home	zu Hause
at my friend's house	bei meinem Freund/meiner Freundin

at the reception desk	an der Anmeldung
at the building site	auf der Baustelle
at the airport	am Flughafen
in the kitchen	in der Küche
in my room	in meinem Zimmer
in the workshop	in der Werkstatt
in the hotel	im Hotel
in Berlin	in Berlin
in Turkey	in der Türkei

Angaben zum Ort stehen meistens am Satzende. Möchtest du den Ort einer Handlung besonders hervorheben, kann er am Satzanfang stehen.

Verwendest du Orts- und Zeitangaben in einem Satz, so stellst du die wichtigere Information an den Anfang, die andere an das Ende. Möchtest du beide Angaben an das Satzende setzen, so gilt: Ort vor Zeit.

Der Bauplan für Sätze mit Orts- und Zeitangaben sieht so aus:

time/place	**subject**	**verb**	**object**	**time/place**
wann/wo				**wann/wo**
Yesterday	*I*	*worked*		*at the reception desk.*
In Spain	*we*	*had*	*dinner*	*at 9 o'clock.*
On Mondays	*I*	*meet*	*my friends*	*in a cafe.*

Beispiel zur Verwendung von Orts- und Zeitangaben:
During the week *I often learned new skills and I sometimes met interesting people* ***at the reception desk****.*

Satzanfänge

Durch unterschiedliche Satzanfänge wird dein Text abwechslungsreich. Er bekommt einen Sprachrhythmus. Oder, wie es ein Popmusiker ausdrücken würde: *a good beat.* Diesen *beat* kannst du durch verschiedene Satzlängen noch betonen – also kurze und lange Sätze in einer bestimmten Abfolge.

▶ Als Satzanfänge eignen sich zum Beispiel:
- Namen und Personen *(I, Susan, the manager)*
- Zeitangaben *(in the morning, at lunchtime, later)*
- Ortsangaben *(in the hotel, at home, in Berlin)*
- Ordnungszahlen *(first, second, third)*
- Verbindungswörter *(however, but)*
- einige Adverbien *(nevertheless, finally, fortunately)*

TIPP

Benutze möglichst viele verschiedene Satzanfänge und unterschiedliche Satzlängen.

Bewertungen und Vergleiche

Bewertungen und Vergleiche drücken deine Meinung zu einer Sache, einer Person oder einem Erlebnis aus.
Möchtest du Personen oder Dinge miteinander vergleichen, brauchst du Vergleichsformen von Adjektiven *(better than, more interesting than).*

INFO

Nähere Informationen zu den Vergleichsformen von Adjektiven und den Regeln zur Steigerung findest du ab Seite 138.

Beispiel zur Verwendung von Vergleichsformen von Adjektiven:
*The work at the reception desk was **more interesting than** the work in the restaurant.*

Deine Meinung zum Thema *(opinions)*

Wenn du über ein persönliches Erlebnis berichtest, einen Brief oder eine E-Mail schreibst, bereichern die eigene Meinung, eine persönliche Einschätzung oder Aussagen zu den eigenen Gefühlen den Text.

Redewendungen, die die eigene Meinung oder eine persönliche Einschätzung ausdrücken	
I think	ich meine
I believe	ich glaube
for me	für mich
to my mind	meiner Ansicht nach
in my opinion	meiner Meinung nach
all in all	im Großen und Ganzen

Allerdings ist die persönliche Einschätzung nicht in jedem Text gefragt. Wenn du zum Beispiel einen sachlichen Bericht (einen Unfallbericht) schreiben sollst, musst du dich an die Tatsachen halten und deine Meinung zum Geschehen für dich behalten.

Für unseren Beispieltext über ein Praktikum ist eine persönliche Einschätzung des Erlebten gut und sinnvoll. Denn wie du dein Praktikum insgesamt fandest, ist für die Leser interessant. Der beste Platz für die persönliche Einschätzung oder für deine Meinung ist am Ende des Textes. Deine Einschätzung rundet das Erlebnis ab.

INFO

Redewendungen, die eine eigene Meinung ausdrücken, stehen immer am Satzanfang.

Der Bauplan für Sätze mit Redewendungen, die die eigene Meinung ausdrücken, sieht so aus:

opinion	***subject***	***verb***	***adjective (+ object)***
For me	*work experience*	*was*	*a great experience.*
I think	*he*	*has*	*brilliant ideas.*

Der vollständige Text

Am Ende könnte dein Text zum Thema „work experience" so aussehen:

> ***My work experience in a hotel***
>
> *In October I did work experience. It lasted three weeks and I worked in a large hotel in Berlin.*
> *Every morning I started at 9 a.m. and finished at 6 p.m. So I had a long working day. First I had to clean the guest rooms on the 2nd floor. This work was hard because I always had to tidy up, clean the bathroom, change the bed linen and the used towels, hoover the floor and dust all the furniture in every room.*
> *Fortunately, I had a one-hour break at lunchtime. I really needed this break, after my morning work!*
> *At lunchtime I often went to a pizza place around the corner. There I met some of my classmates who were also doing work experience nearby. We talked and had a lot of fun.*
> *In the afternoon I sometimes worked at the reception desk. I liked the work at the reception desk better than the work in the guest rooms. I often answered the phone and welcomed new hotel guests. Most of the guests were nice and friendly. I often had to speak English. It was difficult to understand some of the guests because they had a strange accent.*
>
> *At 7 p.m. I usually got home. I was so tired! I just had dinner, watched some TV and went to bed early.*
>
> *All in all I liked my work experience because my colleagues were nice and the guests were friendly. I also learned many new skills and I spoke a lot of English with the hotel guests. I didn't like cleaning the guest rooms because the work was hard, but boring. For me the work at the reception desk was the best part.*
>
> *Next time I will do work experience as a receptionist in a different hotel.*

Aus dem Ausgangstext mit 14 einfachen, kurzen Sätzen ist ein abwechslungsreicher und interessanter Aufsatz geworden.

YOU CAN DO IT!

3.5 Schreibanlässe/Texte

Writing can be fun!

Du kannst dich nun auf den Prüfungsteil Schreiben vorbereiten. Dazu stellen wir dir die verschiedenen Textsorten vor, die für die **Zentrale Prüfung Englisch 10. Klasse** wichtig sind und in diesem Buch behandelt werden. Sprich mit deinem Lehrer oder deiner Lehrerin über die Texte, die du für die Prüfung nach der Klasse 10 **in deinem Bundesland** brauchst. Diese suchst du dann für deine Vorbereitung heraus.

Also: Stift in die Hand und los geht's.

INFO Schreibanlässe/Texte

Can I write English texts?
YES, I CAN!

• Notizen machen, Stichwörter aufschreiben	*make notes, write keywords*
• Fragen schriftlich beantworten	*answer questions*
• eine Postkarte schreiben	*write a postcard*
• einen Brief (oder E-Mail schreiben)	*write a letter (or e-mail)*
– einen offiziellen Brief schreiben	*write a formal letter*
– einen persönlichen Brief schreiben	*write a personal letter*
– eine Bewerbung schreiben	*write a letter of application*
– einen Lebenslauf aufsetzen	*write a CV*
• über Ereignisse und Erfahrungen berichten	*report on events and experiences*
• eine Inhaltsangabe schreiben	*write a summary*
• eine Textanalyse schreiben	*write a text analysis*
• ein Bild beschreiben	*describe a picture*

3.6 Notizen schreiben

Notizen *(notes)* macht man sich, um Wichtiges zu behalten oder um sich an bestimmte Einfälle zu einem Thema zu erinnern.
Zuerst erweiterst du zu einem bestimmten Thema deinen englischen Wortschatz, zum Beispiel zum Thema „a school trip" (vergleiche S. 43).
When you go on a school trip, there is a lot your teacher and the class have to think about.

Fragen, die helfen *(questions which help to write a list)*

- *Where would you like to go: To the seaside? Into the mountains? To a big city? Camping? Sailing?*
- *Do you think it is difficult to agree on something?*
- *Why would you especially like to go there?*
- *Why would you go to London, for example?*
- *How would you like to travel? By bus? By plane? By train? By boat?*
- *Where will you stay overnight? In a youth hostel? A hotel? With families?*
- *What are you going to take with you? Make a list of things, but don't take too much.*
- *What sort of souvenirs would you like to buy? A few fancy clothes? And funny British souvenirs once you are in crazy London?*

3.7 Eine Postkarte schreiben

Eine Postkarte schreiben *(write a postcard)* ist etwas, was du sicherlich kannst. Von London aus schreibst du sicher gern. Es gibt so schöne Karten vom Buckingham Palace, der Tower Bridge oder dem Piccadilly Circus. Schreibe Namen und Adresse auf die rechte Seite.
Denke an die Postleitzahl *(postcode)* der Stadt oder des Bezirks, damit sie auch sicher und schnell ankommt.

- *How much is a stamp for a postcard to Germany?*

- Address the person: *Dear …, Hello, Hi, …*
- Write about the place, the weather, how you feel and more.
- End with a greeting, a wish and your name: *Best wishes, Love, Thinking of you, Wish you were here …*
- Put the date somewhere on the card, so the recipient knows when you were there.

3.8 Einen Brief schreiben

Vielleicht fragst du dich: „Warum soll ich das Briefeschreiben lernen? Ich habe doch den Computer!“ Dazu musst du wissen, dass auch E-Mails Briefe sind, die von dir aufgesetzt werden müssen. Du verschickst sie dann aber über den Computer und nicht per Post.

Einmal gekonnt, ist es leicht und wichtig.
Beispiellösungen für die verschiedenen Briefe findest du am Ende des Kapitels ab Seite 73.

INFO

Formal heißt, du schreibst an Menschen, die du kaum oder nicht kennst und schreibst in einem sehr höflichen und unpersönlichen Stil. Das nennt man auch adressatengerecht schreiben. Kennst du das aus deinem Deutschunterricht?

Writing a formal letter

Offizielle Briefe in Englisch zu schreiben, ist schon sehr anspruchsvoll. Mit folgenden Schritten wirst du es gut schaffen:

1. sender (that's you!)
2. date
3. recipient (that's the person you are writing to)
4. reference (or just: re)/subject
5. address
6. introduction
7. main part
8. ending
9. signature

Writing a letter of application/covering letter

Du hast beim Schreiben eines formalen Briefes im vorherigen Kapitel einiges gelernt. Das kannst du jetzt gut gebrauchen. Trotzdem musst du beim Bewerbungsschreiben noch ein wenig mehr beachten. Hier muss alles gut formuliert und richtig sein. Du willst dich ja ins beste Licht setzen und eine Stelle bekommen.

INFO

more information see www.ukstudentlife.com/Work/CV.htm

Hier lernst du jetzt wichtige Angaben für ein Bewerbungsschreiben kennen. In der Tabelle findest du zunächst die Angaben, die du immer angeben musst. Die dann folgenden Unterpunkte sind nur Beispiele, die nicht für dich gelten müssen. Du schreibst nur, was auf dich zutrifft.

CHECKLISTE

Sender – that is you and your address and perhaps telephone number and e-mail address in the top right hand corner

Date – don't forget the date underneath your address

Recipient/addressee – the person you are writing to: *Ms/Mrs/Mr* or *Dear Sir/Dear Madam* (if you don't know the name) and the address with the postcode (in England there are 6 capital letters and numbers)

Reference (re:)/subject – you say briefly what your letter is about

Salutation/greeting – at the top of your letter: *Dear Mr .../Dear Mrs .../Dear Ms .../Dear Sir/Dear Madam*

Introduction – *I am writing to ask you .../to apply for .../I am writing because ...*

Main text – here you write everything you want to say/ask/state/answer (remember in formal writing use clear, polite, formal language)

Closing phrase – *Yours sincerely* (only if you know the name of the person you are writing to) or
Yours faithfully, ...
and sign your letter.

After writing your letter

Check again
Go through the checklist again and make sure you have got everything right.

Bereich	**mögliche Angaben**
personal data	*Mr/Mrs/Ms* *first name(s)* *surname* *address* *phone number* *e-mail address*
education	*school* *music* *theatre* *painting* *communication* *computer science*

work experience	*social science* *employer* *training* *holiday jobs*
your person	*hobbies* *interests* *qualifications* *what you are good at* *why you would like the job* *part or full-time?* *when you can start*

Schreibplan

1. my name and address
2. today's date
3. name of person/company and address
4. what my letter is about
5. I address the person by name or put *Dear Sir/Dear Madam*
6. I apply for the job and say how I learnt about it
7. about my school and final exams
8. about my work experience
9. what kind of person I am
10. what I enclose (my CV etc.)
11. *I look forward to hearing from you*
12. ending *(yours sincerely, yours faithfully)*
13. my signature
14. *enclosed: CV*

Writing a CV (curriculum vitae)

Ein *CV* (Lebenslauf) ist der Ablauf deiner Schullaufbahn mit Angabe deiner Arbeitsbeschäftigungen, wenn du dich um eine Stelle bewirbst. Auch sollte er deine Interessen und Aktivitäten beschreiben (Sport, Musik, soziales Engagement, Fremdsprachen usw.) sowie einige persönliche Angaben über Familienstand.

INFO

Curriculum vitae/CV

1. personal data:	*address*
	telephone
	e-mail
	nationality
	date of birth
	place of birth
2. education:	*secondary school*
	dates (from … to …)
	leaving certificate
	qualification
3. work experience:	*times of training*
	types of work
4. skills:	*languages/computer skills*
5. interests and hobbies:	*sport/music/politics*

After writing your letter

Check again
Look at the list in this box again and make sure you have got everything right.

Writing a personal letter

Das geht einfacher als der formale Brief. Hier kannst du freundlich und locker schreiben, manchmal sogar wie dir „der Schnabel gewachsen ist", d.h. so wie du sprichst. Du kannst beispielsweise Abkürzungen benutzen, was du in einem formalen Brief nicht tun solltest.

Es kommt aber auch hier darauf an, **wem** du einen privaten Brief schreibst – einer gleichaltrigen Person oder etwa deiner Tante.
So sollte auch ein persönlicher Brief mit Verstand und mit Respekt geschrieben sein. Das gilt besonders für englische Briefe an Personen, die du nicht näher kennst. Da hilft dir wieder dein Schreibplan.

INFO

Personal:
"That'll be okay for me."

Formal:
"That will suit me nicely."

Hier ist dein Schreibplan für einen sehr persönlichen Brief:

Schreibplan
1. the date
2. your way to say hello
3. some nice words to begin with
4. the things you want to say
5. end with a few nice phrases
6. your name

Writing an e-mail to a person of your age

Eine E-Mail ist eigentlich ein Brief, den du elektronisch verschickst.
Hier findest du einige Tipps, wie du eine nette persönliche E-Mail schreiben kannst. Das Datum musst du nicht einfügen, da es auf der E-Mail automatisch erscheint.

TIPP

Begin your e-mail:
Hi …/Hello…/Dear …

Start your text with:
How are you? Hope you are well.
I would like to tell you …
Thank you for your e-mail.
I was happy to get your e-mail …
Many thanks for your e-mail …
It was nice to hear from you.

Now write your personal news or message:
…

End your e-mail:
Please write soon.
All the best/Best wishes/Take care
Love/Lots of love
Bye for now/See you

Your name:
…

3.9 Einen Bericht schreiben

Über wichtige Ereignisse hast du Filme gesehen oder Artikel und Bücher gelesen oder du hast in der Schule darüber gesprochen. Denk einmal an ein wichtiges Ereignis im Jahr 2008. Nehmen wir einmal die Wahl von Barack Obama zum Präsidenten der USA. Jeder kennt seinen wichtigen Slogan:

Yes, we can!

Also, los geht's mit dem Bericht *(report)* über Obama. Hier findest du den Anfang zu einem Internetartikel über Obama.

Barack Obama

Barack Hussein Obama II (born August 4, 1961) is the 44th and current President of the United States. He is the first African American to hold the office. Obama previously served as the junior United States Senator from Illinois, from January 2005 [...].
Originally from Hawaii, Obama is a graduate of Columbia University and Harvard Law School, where he was the president of the Harvard Law Review. He was a community organizer in Chicago before earning his law degree. He worked as a civil rights attorney in Chicago and taught law at the University of Chicago Law School from 1992 to 2004.
Obama served three terms in the Illinois Senate from 1997 to 2004. [...] he ran for United States Senate in 2004. [...]. He won election to the U.S. Senate in November 2004. His presidential campaign began in February 2007, and after a close campaign in the 2008 Democratic Party presidential primaries against Hillary Rodham Clinton, he won his party's nomination. In the 2008 general election, he defeated Republican nominee John McCain and was inaugurated as president on January 20, 2009.

Quelle: http://en.wikipedia.org/wiki/Barack_Obama

▶ Suche im Internet Informationen für deinen Report über die Wahl.

Tasks:
- Give a short written report about the election.
- Write some notes first. (Remember what you learnt about making notes!)
- Think about these questions:

What is a good title?
Who and what is your report about?
When and where did the event *(Ereignis)* take place?
Who is your main person and what is he like?
Who are the other people that are connected with him?
What are the important things that happened? (in the right order)

Eine Beispiellösung findest du auf Seite 78.

TIPP

Think of linking words to join your sentences so that the reader likes reading your story. (see page 47)

3.10 Eine Zusammenfassung schreiben

Wenn Du einen Film gesehen hast und dich jemand fragt: „Na, erzähl' mal, wovon handelt denn der Film?", so gibst du den Inhalt wieder, ohne Einzelheiten zu erwähnen oder vielleicht den Schluss zu verraten. Die Zusammenfassung *(summary)* kennst du aus dem Deutschunterricht. Auch im Englischen schreibst du meistens in der einfachen Gegenwart, dem Präsens *(present simple)* (siehe Kapitel „Grammatik", S. 119).

Beispiel:
„Wovon handelt der Film?" (handelt – Zeitform Präsens)
„In diesem Film geht es um ..."(geht – Zeitform Präsens)
What is the film about? It is about ... (present tense)

INFO

Warum eigentlich ***present simple***?
Der Inhalt wird kurz und allgemein wiedergegeben (und nicht lang nacherzählt!), deshalb die Zeitform der einfachen Gegenwart: ***present simple***.

Aber auch hier hilft dir eine gewisse Ordnung des Textes:

Aufbau einer Zusammenfassung *(summary)*		
1.	*introduction*	Einstieg
2.	*main part*	Hauptteil
3.	*ending*	Abschluss

INFO

Summary

Zu 1. Einstieg:

Ein *summary* benötigt nur einen kurzen Einstieg wie *The text/book/film …* (Titel/Name erwähnen!) *by …* (Name des Autors/Regisseurs nennen, wenn bekannt) *is a …* (z. B. Kriminalfilm, Abenteuerbuch, ein Artikel usw.)

Zu 2. Hauptteil:

The text/book/film is about … (Personen, Tieren, Außerirdischen usw.), *who …* (sage, was er/sie plant, denkt, macht, anstellt usw. und gib den Inhalt kurz und verständlich wieder. Meistens verrät man nicht alles, damit die Leser oder Zuschauer gespannt bleiben.)

Zu 3. Abschluss:

The story/film is interesting and I enjoyed reading it./The story/film was boring and too long/funny and entertaining.

Als Beispiel folgt ein *summary* zu dem Buch „Twilight“. Von dem berühmten Film zum Bestseller-Buch hast du bestimmt schon gehört!

The Book "Twilight" by Stephenie Meyer is a fantasy love story and thriller.

A girl, Isabella (called Bella) Swan, moves from Phoenix in Arizona to a rainy place, Forks in Washington, to live with her father Charlie while her mother travels with her new husband.
Bella goes to school in Forks and many boys like her although she is very shy. She sits next to Edward Cullen in class and he suddenly disappears for a few

days. After he returns they become friends. He even saves her life in the school's parking lot.
Bella wants to know how he stopped the car with his bare hands and finds out that Edward must be a vampire who drinks blood. Then he confesses that he likes the smell of her blood and that's why he doesn't want her company. But finally they fall in love. And after lots of problems with Edward's vampire family Bella wants to become a vampire, too. But Edwards says no.
The story is very unusual and exciting and the book is interesting and never boring to read.

Jetzt vergleiche noch einmal mit der Information im Kasten auf der vorigen Seite.

3.11 Einen eigenen Text schreiben

Nun kannst du selbst Autor werden und Texte schreiben, die dir gefallen und in den Sinn kommen. Dann bist du kreativ. Wie aber kannst du beginnen? Kannst du lernen, kreativ zu schreiben? *Yes, you can!*

Prosa-Texte *(prose)*

Darunter versteht man alle fortlaufenden Texte wie Geschichten, Kurzgeschichten, Briefe usw. Hier kannst du deiner Fantasie freien Lauf lassen zu deinen Themen. Beim Thema „Schule" kannst du über Lehrer und Lehrerinnen, Mitschüler und Mitschülerinnen schreiben, über traurige, komische, tragische Sachen, Träume, Begegnungen und vieles mehr.

TIPP

Zur Sammlung machst du zuerst wieder ein *word web* und einen *Cluster* (siehe S. 44 und 45).
Folge dann deiner inneren Stimme, was du gerne schreiben möchtest. Schreibe den ersten Satz zu deinem Thema, dann folgt der Rest wie von selbst. Schreibe zuerst einmal „aus dem Bauch heraus". Korrigiere erst dann deine Fehler.

So könnte ein Text zum Thema „Schule" aussehen:

> ***Poetry in the classroom***
>
> *When I think of school, I think of some people who I knew and remember well – teachers and classmates – and the many I did not really know. Some I can't even remember.*
> *One teacher I remember well was a teacher who taught German literature. He loved Goethe and stood in front of the class reciting his poetry. In the beginning I laughed at him, but then I got to admire his love of poetry and I think he made me love poetry, too.*
> *Today I read and write poetry and recite many poems in front of an audience. And I do not mind if somebody thinks I am crazy.*

Probiere es selbst einmal aus!

3.12 Zu Texten schreiben

Literarische Texte durchdenken und eine Deutung schreiben

Einen erzählenden Text analysieren und interpretieren

1. durchdenken = analysieren
2. deuten = interpretieren

Du denkst, das kannst du nicht? *Yes, you can!*

> **INFO**
>
> Bei einer Analyse kommt es vor allem darauf an, dass du den Text genau liest und über Inhalt und Sprache schreibst.
> Bei der Interpretation zeigst du, wie du den Text verstehst und beurteilst.

Analyse und Interpretation gehören zusammen.

TIPP

Es helfen dir dabei folgende Schritte:

1. den Text lesen (2 x) — *read the text*
2. die Aufgaben zum Text lesen — *read the tasks*
3. einen Schreibplan anlegen — *make a text plan*
4. eine Textanalyse und Textinterpretation schreiben — *write an analysis*
5. den Text überarbeiten — *make it better – improve your style*

Erster Schritt: den Text lesen

Gehe folgendermaßen vor:

Tasks:

- Read the text.
- Don't worry if you don't understand right away.
- Sometimes you have got to finish reading and then you'll understand.
- Mark difficult passages.
- Use a dictionary and look up the meaning of unknown words and passages.
  (Lies den Text. Lass Dich nicht beirren, wenn du etwas nicht sofort versteht. Manchmal erklärt sich etwas durch das Weiterlesen. Markiere die schwierigen Stellen. Kläre die Textstellen und Wörter, die dir unklar sind. Benutze ein Wörterbuch.)

Die fünf Schritte werden hier anhand eines Textauszugs durchgeführt: Emily Brontë: *Wuthering Heights. Mr. Lockwood's Story (Part 1)*

Pre-reading questions:

- Who is in the text?
- Where does the story take place?
- When does it happen?
- What happens?

Wuthering Heights

Emily Brontë

Mr. Lockwood's Story (Part 1)

I have just returned from a visit to my landlord, Mr Heathcliff. Because of the heavy snow and strong winds, I was forced to stay the night.

And what a night!

The house stands high up on the wild moors and is called Wuthering Heights. A very suitable name since 'Wuthering' means 'blowing strongly'! But it is not the house, or even the dark, angry looks of Mr Heathcliff that will haunt me in the days to come. It is the dream I had while I slept in that room at the top of the house.

There were a few damp and dusty books on a shelf and I looked at some before settling down in my bed to sleep. The name Catherine Earnshaw or Catherine Heathcliff or Catherine Linton were written inside the books. And it was the same Catherine that remained with me as I fell asleep ...

I could hear the sound of something knocking against the window. Thinking it was a branch of a tree outside, I reached out to open the window ... and pushed my hand through the glass, breaking it. But it was not a branch that my fingers closed around, it was a tiny, ice-cold hand! I tried to pull back my arm, but the hand would not let me go.

Now a voice was crying. 'Let me in! Let me in!'

'Who are you?' I asked.

'Catherine Linton,' it replied. 'I've come home. I lost my way on the moor. I've been lost for twenty long years.'

A child's face looked through the window, and I pulled its wrist on to the broken glass until blood was running down it. Still the hand would not let me go.

'Let me go if you want me to let you in!' I cried. And the fingers relaxed. I quickly pulled my hand inside and pushed some books against the hole in the window. 'Go away!' I screamed. 'I'll never let you in!'

It was at that moment that I woke up – to find my landlord Mr Heathcliff, standing in the doorway of the room, holding a candle. His face was white and filled with terror.

'It's only me, Lockwood, your guest,' I said. 'I've had a terrible dream and must have cried out. This room is full of ghosts. I'm not surprised that you usually keep it shut up.'

'What do you mean?' he wanted to know. 'What ghost?'

'The child said her name was Catherine Linton, and that she'd been wandering around the moors for twenty years!'

It was then that I remembered the names written in the books. One of them had been Catherine Linton. Was that how I came to dream about the name? 'What do you mean?' shouted Heathcliff. 'You must be mad!' He seemed so upset that I said no more. This morning, after breakfast, Mr Heathcliff accompanied me across the moor, back to the garden of Thrushcross Grange, a house which he owns and in which I am a tenant at this time. We made very little conversation and said nothing of my dream. But now I am curious about him and will ask my housekeeper, Mrs Dean, to tell me about this strange man and the house called Wuthering Heights.

Zweiter Schritt: Aufgaben zum Text lesen

- Summarize the text.
- Describe the main characters.
- Look at the language.
- Interpret the chapter and give your personal view.

Es gibt viele Fragen, die du bei der Analyse eines Textes stellen kannst. Hier siehst du einige Beispiele. Sie sollen dir helfen.

	Questions
Handlung/Situation *story/setting*	• *What is the text about?* • *Is it a special topic? Is there a problem or a conflict?* • *Is there a connection between the title of the book and the text?* • *Has the text got an open ending? Will it make you go on reading?*
Zeit/Ort *time/place*	• *Where does the action take place?* • *Is the place a special one? Is it important for the story?* • *When does it all happen?* • *How do you know?*

Figuren *characters*	• *What characters are there in the text?* • *Do you know their names?* • *Are they main characters in the story?* • *What situation are they in?* • *What is relationship between the characters?* • *What do they look like? How old are they?* • *Do they talk to each other? How?*
Erzählerische Merkmale des Textes *type of texts/ language*	• *What language does the author use?* • *What type of text is it?* • *Is there a narrator of the story?* • *Are there any dialogues?* • *Is the text hard or easy to understand? Why?*

Dritter Schritt: Einen Schreibplan anlegen

Ein Schreibplan hilft dir, deine bisherigen Ergebnisse zu ordnen, sinnvoll aufeinander aufzubauen und Schwerpunkte für deine Textanalyse zu setzen.

TIPP

Lies noch einmal die Schwerpunkte der Aufgabenstellung *(task)* oben (zweiter Schritt).

Möglicher Schreibplan *(text plan)* für eine Textanalyse des Textes von Emily Brontë: *Wuthering Heights. Mr. Lockwood's Story*

Schreibplan

Einleitung:
- Vorstellung des Textausschnittes

Hauptteil:
- inhaltliche Darstellung
- Analyse der benutzten Sprache und wie sie wirkt

Schluss:
- eigene Stellungnahme zum Thema, zur Redeabsicht und zur sprachlichen Gestaltung

Vierter Schritt: eine Textanalyse und Textinterpretation schreiben

Eine Beispiellösung findest du auf S. 78.

Fünfter Schritt: den Text überarbeiten

Kein Aufsatz ist nach dem ersten Niederschreiben perfekt. Deshalb solltest du deinen Text noch einmal durchlesen und überarbeiten. Dabei hilft die Checkliste.

- Überarbeite deinen Aufsatz.

CHECKLISTE

1. **Text inhaltlich überprüfen:**
   - Habe ich die Aufgabenstellung genau beachtet?
   - Ist das Thema vollständig dargestellt?
   - Habe ich mein Schreibziel erreicht?
   - Habe ich meine Pläne umgesetzt?

2. **Text sprachlich überarbeiten:**
   - Ist mein Text verständlich?
   - Sind meine Ausführungen logisch aufgebaut?
   - Bin ich beim Thema geblieben?
   - Stimmen die Zitate und habe ich die Zitate in Anführungszeichen gesetzt?
   - Habe ich Verbindungswörter verwendet?
   - Ist der Satzbau grammatikalisch richtig?
   - Sind Sprache und Wortwahl angemessen?
   - Habe ich die richtige Zeitform gewählt?

3. **Text auf Rechtschreibung überprüfen:**
   - Sind Rechtschreibung und Zeichensetzung korrekt?
   - Habe ich, wenn ich unsicher bin, die Wörter nachgeschlagen?

3.13 Ein Bild beschreiben

Versuche dich zum Schluss doch einmal an der Beschreibung des Bildes von dem Haus *Wuthering Heights.*

Beantworte dann die folgenden Fragen:

- Is "Wuthering Heights" the right name for the house?
- Is there an atmosphere of a horrifying night in the picture?
- Where could this house be situated?
- Is this a haunted house for you?

(Passt das Haus zu seinem Namen „Wuthering Heights"?
Zeigt das Bild die Stimmung einer unheimlichen Nacht?
Wo könnte das Haus stehen?
Stellst du dir so ein Geisterhaus vor?)

Lösungen zu den Aufgaben in diesem Kapitel

Beispiellösung zu Kapitel 3.6 Notizen Schreiben (S. 55)

- I would like to go to London.
- I don't think it is difficult to agree on London because everybody wants to go there. (Or: I think it is very difficult to agree on something because everybody wants to go somewhere else.)
- It is so exciting to go to a such a big city. And it is cheap to travel with a large group of students.
- There are so many sights I would like to see. But first I would like to ride a red double decker bus and sit on the top deck. My favourite sights are Madame Tussauds with all the wax figures of prominent people and the Chamber of Horrors. Buckingham Palace and Tower Bridge with the Tower of London are a must. Piccadilly Circus at night must be exciting. And perhaps we can take a boat down the River Thames.
- I'd like to go by …
- I would like to stay in a youth hostel because we can meet lots of young people from all over the world there.
- These things are a must: 2 pairs of trousers, 2 T-shirts, 2 sweatshirts, underwear, socks, a raincoat, walking shoes, trainers, slippers, sunglasses, a towel and my passport. Oh I mustn't forget my camera!!!
- I would like to buy some nice clothes and of course some presents for my friends.

Beispiellösung zu Kapitel 3.7 Eine Postkarte schreiben (S. 56)

Dear Mum and Dad,

I am writing this card from Piccadilly Circus in London at night. It is fantastic here, so much to see and do. The weather has been nice since we arrived and we can do a lot of sightseeing, I feel fine and I am so happy to be here with my class. Tomorrow we are going to Greenwich by boat on the River Thames. We will pass under Tower Bridge. How exciting! I will buy a nice souvenir for you.

Lots of love to you and Grandma and to Tom, of course,
Peter

2nd February 2010

Beispiellösungen zu Kapitel 3.8 Einen Brief schreiben (S. 57) *formal letter*

Johannes Braun
Jostraße 30
45468 Gelfeld
Germany
9th February 2010

The Manager
London Tourist Office
London SW3 5BY
England

Re: School trip to England
Dear Sir,

My teacher has asked me to enquire about a class trip to London.
We are 32 students – 14 male/18 female – and would like to visit London and surroundings. Our special interest as a bilingual history course is London's history and we would like your advice about how to approach this subject.

We were informed that you deal with these special tour plans and would appreciate your brochures and suggestions. Will you need more information about our group? We will forward any details as soon as possible. As our trip is planned for June, there will be enough time to prepare everything thoroughly.
I would like to thank you very much for your help on behalf of my teacher and the class.
Looking forward to hearing from you soon,

Yours faithfully,

Jo Braun

Beispiellösung zu *letter of application*

Johannes Braun
Gelstraße 44
45177 Kleckstadt
Tel. 02324/483100
e-mail: jobraun@hsworld.com
9th January 2010

The Manager
World Food Store
10 Pea Market Street
London SW1 1TX

Re: Application to work as a trainee

Dear Sir,
My teacher, Mr. Schmidt, advised me to write to you.
I will be finishing school in June this year and I intend to apply for an apprenticeship with an international food company. This is why I would like to improve my English to be able to apply for a job either in Germany or elsewhere in Europe or the United States.

I would, therefore, be grateful for an opportunity to work as a trainee for a period of 12 months with your company in London or anywhere else you can offer a position.

With my basic knowledge of English I think I have good communication and social skills, and my teacher would confirm this. I was in England in 2007 and 2009 on a students' exchange programme and grew fond of your country and its people.

I would welcome the opportunity to work for your company and enclose my CV. You can contact me easily by telephone or e-mail.

I look forward to hearing from you in the near future,

Yours faithfully,

Johannes Braun

Beispiellösung zu *Writing a CV*

Curriculum Vitae

Personal Data

Name:	Aydin
First Name:	Cem
Age:	17
Date of Birth:	...
Place of Birth:	...

Education

1998–2002	Primary School , Erich Kästner Schule, Düsseldorf
2002–2010	Secondary Education, Goethe Comprehensive School, Düsseldorf Expected General Certificate of Secondary Education July 2010

Work Experience

February 2009	Practical training in a residential home for children, Düsseldorf
September 2009	Practical training with the German Railway Company, Cologne
2008, 2009, 2010	Regular weekend jobs in a grocery shop belonging to my family

Languages

German as a second language but with mother tongue fluency
Turkish as mother tongue
English as School English with good comprehension, oral and written skills

Hobbies and interests

Football – goalkeeper since 2002
Cooking – German and Turkish dishes
Cycling and mountain biking

Beispiellösung zu *Writing a personal letter*

9th January 2010

Hi Sweetie,

Hope you had a fantastic New Year's Eve. Thank you very much for your Christmas card and best wishes for 2010!

I'm skiing with friends in Bavaria for a few days. The weather's nice and we have lots of snow. I've started a skiing course 'cause I'm not fit to ski on my own. The other people are much better than I am. Do you ski? I was good at it when I was small and went with my Dad every Xmas. Since he married again and got 2 more kids, he hasn't got much time for me I'm afraid. Maybe the two of us can ski together one winter? What do you think? Hope to see you soon in London. I think we'll go there for our class trip in a few months.

Please give my regards to your family.
hugs,

Lisa xxxxxxxxxxxx

Beispiellösung zu Kapitel 3.9 Einen Bericht schreiben (S. 62)

The change

The election of Barack Obama as President of the USA

Did you ever hear the name Barack Obama before November 2008? In November 2008 a black politician called Barack Hussein Obama was elected President of the United States of America and thousands of people celebrated a wonderful event in the history of the USA. After a long period with the Republican President George Bush, the American people hoped for a change, which was also the slogan of Obama in his election campaign "CHANGE" and "YES, WE CAN". It was certainly a change to have the first black president, because nobody had expected it to happen. And Michelle, his black wife, also stands for a new modern woman in the USA. She comes from a poor family in Chicago, but worked hard at school and at university to become a lawyer. They have two daughters and they are the first black family to live in the White House.

Mr Obama is a very charismatic person. He is fairly young, is a good sportsman and a splendid speaker. He promised a lot of changes in the country. Will he be able to do a good job after the war in Iraq, in the financial crisis and with the problems of unemployed people or the health insurance? The world needs a change but can one man solve all of its problems? Time will show if he can.

Beispiellösung zu Kapitel 3.12 Zu Texten schreiben (S. 66)

1801 …

The book "Wuthering Heights" by Emily Brontë starts with the chapter "Mr. Lockwood's story" in the year 1801.

Mr Lockwood had to stay overnight at Mr Heathcliff's, his landlord's, house called "Wuthering Heights" because there was a storm and heavy snow in the night.

He had visited his landlord Mr Heathcliff at "Wuthering Heights" and wanted to return home when a storm and snow forced him to stay at the house high up on the wild moors. Before he went to sleep he had looked at some books with the name of Catherine … inside them. Then he fell asleep, but had a terrible dream. He suddenly woke up when Mr Heathcliff stood in the door. Mr Lockwood told him that he had had a terrible dream about a girl who had been a ghost on the moors for more than 20 years. Mr Heathcliff was very angry and upset about that, so Mr Lockwood did not say any more. When Mr Heathcliff took him back to his house next morning, Mr Lockwood was very curious about the strange behaviour of the man and about the house called "Wuthering Heights".

The year1801 tells us about the time of the story.

Mr Lockwood exclaims: "What a night!" and indicates that something special must have happened to him. And there is the house "on the wild moors", "wuthering" and Mr Heathcliff's looks "dark, angry". There is also a dream that "haunts"

Mr Lockwood in a room at the top of the house. This room has not often been used because "the books on a shelf are damp and dusty".
And who is Catherine? There is a Catherine and three different family names written in the books and Mr Lockwood wonders about them. Then Mr Lockwood's story about his dream sounds like a thriller "knocking against the window ..., tiny ice-cold hand ... crying ... let me in! ... broken glass ... blood ... go away!"
When Mr Lockwood wakes up, he sees Mr Heathcliff "white and filled with terror" and tells him his dream of a little girl called Catherine Linton. But Mr Heathcliff does not talk about the room and its secret and the girl who appeared in Mr Lockwood's dream so Mr Lockwood feels very curious and wants know more about it all.
I feel like Mr Lockwood and I want to know more about the secret of the room in the house called "Wuthering Heights". The writer uses scary and emotional adjectives and sentences with question and exclamation marks. The end of the chapter leaves completely open what is wrong with the house and who Catherine was and what relationship there was between her and Mr Heathcliff. I wonder whether Mrs Dean, the housekeeper, will tell Mr Lockwood what she knows.
The writer describes extremely well the frightening atmosphere in the house and the dark secret about the top room. And no one really knows anything about the unkind Mr Heathcliff, the house owner and landlord, his scary behaviour and his past life. This is how I imagine a haunted English horror house. I would like to read the whole story about the house called "Wuthering Heights" and its strange people.

4 Sprechen *(Speaking)*

In diesem Kapitel erfährst du einiges darüber, wie du mit einem Partner ein Gespräch führen kannst, Informationen übermitteln kannst, über Bilder reden kannst und eine Vorstellung durchführen kannst. Du lernst auch viele nützliche Ausdrücke kennen. Die Themen und die Aufgaben werden dir in der Prüfung nur in englischer Sprache begegnen. In diesem Kapitel gibt es aber oft beides in Englisch und Deutsch, damit du dich noch einmal vergewissern kannst. Am besten versuchst du immer zuerst, die Aufgabe in Englisch zu verstehen. Dann prüfst du dein Ergebnis mit der deutschen Aufgabenstellung nach.

INFO

Wichtig: Es ist keine wörtliche Übersetzung verlangt!

Die Übersicht zu den Aufgabenformaten im Bereich ***Speaking*** findest du hier.

INFO

- Gespräch mit einem Partner — *dialogue with a partner*
- über Bilder sprechen — *talking about pictures*
- Vorstellung durchführen — *giving a presentation*
- nützliche Ausdrücke — *useful phrases*
- Informationen vermitteln — *mediation* (eigenes Kapitel, S. 94)

4.1 Themenübersicht

Die Themen können aus folgenden Bereichen stammen:

topics	**Themenbereich**
leisure and living in a peer group	Freizeitaktivitäten (in deiner Altersgruppe)
outsiders	Leben als Außenseiter
love and friendship	Freundschaft und Liebe
the media and you	Die Medien und du
house/flat/garden	Haus/Wohnung/Garten
planning your life	Lebensplanung

family	Familie
lifestyle	Life-style
activities/sports	Aktivitäten/Sport
fashion	Mode
animals	Tiere
taking part in/being involved in social/ political life	Teilnahme/Teilhabe am gesellschaftlichen Leben
school, job training at home and abroad	Schule/Ausbildung im eigenen und im fremden Land
staying in a foreign country (school trip or student exchange)	Auslandsaufenthalt (Schulfahrt oder Schüleraustausch)
jobs	Jobs (hier wichtig: Berufsbezeichnungen kennen)
money	Geld

Das sind auf den ersten und auch den zweiten Blick zwar sehr viele Themen, aber du musst keine Angst haben. Allen Themen bist du im Laufe deines Englischunterrichts schon einmal begegnet. Vielleicht frischst du dein Wissen auf und legst dir zu einigen Themen *word webs* für die Vokabeln oder Cluster für eine Stoffsammlung an. Wenn du gelernt hast, Mindmaps zu erstellen, dann kannst du einige für einzelne Themen erarbeiten.
Halte dir immer wieder vor Augen, dass du bestimmt eine Menge weißt, manches nur wieder aktualisieren, aus deinem Gedächtnisspeicher holen musst.

4.2 Überlegungen zu Arbeitstechniken

Wie gehst du nun an die Arbeit?
Die folgenden Seiten geben dir einige Hilfen an die Hand, damit du die Aufgaben in kleinen Einzelschritten üben kannst und in der Prüfung schnell das nötige „Werkzeug" bereit hast.

CHECKLISTE

Mögliche sinnvolle Arbeitsschritte

1. **Aufgabe klären (z. B. Mediation)**
   In der Prüfungssituation klärst du zuerst, welche Aufgabe von dir verlangt wird. Dazu helfen dir die Begriffe aus dem Infokasten.
2. **Inhalt und Thema klar machen**
   Als nächstes stellst du den Inhalt und das Thema fest, klärst vielleicht schon Vokabeln und
   notierst dir passende Ausdrücke.
   Im Kapitel Satzbau findest du Hinweise, wie du mit *word webs* und Clustern arbeiten kannst.
   Du kannst die Vokabeln aber auch im Arbeitsschritt 3 bearbeiten.
3. **Liste der Teilaufgaben anlegen**
   Nun legst du eine Liste für die einzelnen Teile der Aufgabe an.
4. **Teilaufgaben bearbeiten**
   Jetzt arbeitest du die Teilaufgaben aus der Liste ab und notierst die Lösungen.
5. **Kontrollieren mit der Checkliste**
   Zum Schluss kontrollierst du mit der Checkliste.

Allgemeine Checkliste – gehört immer dazu:

- Habe ich auf die Verwendung der richtigen Zeit geachtet?
- Dazu kannst du im Kapitel „Grammatik" etwas nachlesen! (S. 114)
- Habe ich auf die Rechtschreibung geachtet?(nur bei schriftlichen Aufgaben)
- Habe ich in meinen Sätzen die korrekte Reihenfolge der Satzteile beachtet?

Spezielle Checkliste

Diese findest du bei den einzelnen Beispielen.

4.3 Aufgabenformate

Gespräch mit einem Partner *(dialogue with a partner)*

Die Aufgaben zum Teil *dialogue with a partner* können so aussehen, dass du ein Gespräch zu einem bestimmten Thema oder Sachverhalt führen musst. Dabei sind die Gesprächsteile deines Partners möglicherweise in Englisch vorgegeben.

Für beides musst du einen Entwurf vorbereiten.

Über Bilder sprechen *(talking about pictures)*

Wenn es heißt *to talk about pictures*, wird erwartet, dass du ein Bild beschreiben kannst. Vielleicht sollst du aber auch deine Meinung dazu sagen und ein Thema oder eine bestimmte Art von Bild (Gemälde, Comic, Karikatur) erkennen. Möglich ist auch, dass du eine Bildergeschichte erzählen sollst. Dann musst du darauf achten, ob auch etwas „zwischen den Bildern" passiert sein muss, was du erzählen musst. Das kennst du ja auch schon aus dem Deutschunterricht.

Eine Vorstellung durchführen *(presentation)*

Bei der *presentation* sollst du etwas vorstellen. Das kann deine eigene Person sein, aber auch eine andere Person oder Sache, zum Beispiel ein Projekt, an dem du mit deiner Klasse teilgenommen hast oder das geplant ist.

Nützliche Ausdrücke *(useful phrases)*

Diese findest du in den einzelnen Beispielen, da nützliche Ausdrücke immer in bestimmten Zusammenhängen gebraucht werden. Einige allgemeine Ausdrücke, die immer wieder benutzt werden, stehen auch im Kapitel „Grammatik" (S.114).

4.4 Beispiele zu den Aufgabenformaten

Dialogue with a partner

Beispiel:

Task:

- You are on holiday in Spain and meet an English boy/girl. You want to invite him/her to join you and your friends and spend the afternoon together. You suggest some activities.

1. Arbeitschritt: Aufgabe klären

Du sollst ein Gespräch mit einem Partner führen.

2. Arbeitsschritt: Inhalt und Thema klar machen

Zunächst liest du die Angaben und stellst fest, um welches Thema es geht:
Ein fremdes Mädchen/einen fremden Jungen zu Freizeitaktivitäten einladen, die du mit deinen Freunden während eines Urlaubs am Meer ausüben willst.

Jetzt klärst du Vokabeln, zum Beispiel mithilfe einer Wortliste. Wenn du lieber mit einem *word web* oder einem Cluster arbeitest, kannst du auf Seite 43 nachsehen, wie das funktioniert.

im Hotel	**Zeiten**	**Freizeitaktivitäten**
lobby	*last night*	*beach volleyball*
dining room	*today*	*snorkelling*
	afternoon	*soft-ball tennis*
	… o'clock	*surfing*
	quarter to/past	
	half past	

sich vorstellen/Kontakt herstellen	**sich verabschieden**
Hi, I'm …/I'm from …	*see you*
Hello, I'm …	*see you then*
Excuse me, I'm …	*goodbye/bye*

Vorschläge machen/erfragen/Bereitschaft erfragen/ Zustimmung signalisieren, werten
Would you like to …
I'd like to invite you …
Would you like to join …
That would be great/nice
That sounds good

3. Arbeitsschritt: Liste der Teilaufgaben festlegen

Nun legst du die Liste der einzelnen Teilaufgaben an:

A Du brauchst einen Gesprächseinstieg.
B Überlege dir eine Freizeitaktivität.
C Zeitplan
D Treffpunkt
E Gehe auf Redebeiträge des Partners ein.
F Verabschiedung

4. Arbeitsschritt: Teilaufgaben bearbeiten

A Gesprächseinstieg

Dabei kannst du beispielsweise so vorgehen, dass du dich mit Namen vorstellst und sagst, woher du kommst und wie du auf ihn/sie gekommen bist.
Hi, I'm … from Germany. I saw you in the dining room in the hotel last night.
Wenn dein Gesprächspartner dann mit seinem Namen antwortet, fügt er/sie vielleicht ein *"Nice to meet you."* an. Darauf solltest du, bevor du etwas anderes sagst, auch mit einem *"Nice to meet you."* antworten. Damit zeigst du, dass du die Gewohnheiten für Begegnungen mit Fremden kennst, und kannst in der Prüfung punkten. Selten ist auch das berühmte *"How do you do?"* in einer solchen Situation, wobei du auch mit *"How do you do?"* antwortest.

B Aktivität festlegen

Du schlägst eine Aktivität für den Nachmittag vor, zum Beispiel: Beach Volleyball. Du könntest dir auch vorstellen: Schnorcheln oder Softball-Tennis.

C Zeitplan

Du überlegst dir, wann es losgehen soll und begründest die Uhrzeit mit der Hitze.

D Treffpunkt

Du schlägst einen Treffpunkt vor, den der/die Eingeladene kennt.

E Auf Redebeiträge des Partners eingehen

Du musst genau zuhören, was er/sie antwortet und darauf reagieren. Wenn du die Gesprächsteile von „He/She" schon vorgedruckt findest, kannst du auch dort nachschauen.

F Verabschiedung

Zum Schluss musst du eine Formulierung zum Verabschieden überlegen.

Schreibe nun deine Redeteile in die Lücken.

5. Arbeitsschritt: Kontrollieren mit der Checkliste

Bearbeite auch die allgemeine Checkliste.

CHECKLISTE

- Habe ich einen Gesprächsanfang gewählt und ausgeführt?
- Habe ich Beach Volleyball für den Nachmittag vorgeschlagen?
- Habe ich die Uhrzeit mitgeteilt und sie begründet?
- Habe ich einen Treffpunkt festgelegt?
- Habe ich auf die Redebeiträge meines Partners/meiner Partnerin geachtet?
- Habe ich mich verabschiedet?

Zum Vergleich mit deiner Lösung findest du auf Seite 93 ein fertiges Gespräch. Wenn du einiges anders hast, muss das nicht falsch sein. Wenn du unsicher bist, frage doch einen Experten oder eine Expertin. Das können Mitschüler sein, von dem du weißt, dass sie gut in Englisch sind oder vielleicht auch dein Englischlehrer oder deine -lehrerin.
In der Prüfung würden die Kästchen für „He/She" schon stehen, die mit „You" müsstest du ausfüllen.

Talking about pictures

Um über Bilder zu reden, brauchst du bestimmte Grundbegriffe und Ausdrücke, die du dir einprägen solltest.

Hier eine Liste der häufigsten:

foreground	Vordergrund
background	Hintergrund
at the top	oben
at the bottom	unten
on the left	am linken Rand
on the right	am rechten Rand
in the left-hand part/in the right-hand part of the picture	links im Bild/rechts im Bild
in the middle	in der Mitte
next to	neben
the picture shows ...	Thema des Bildes

type of picture: • *photo* • *comic* • *painting* • *picture postcard*	Art des Bildes: • Foto • Comic • Gemälde • Ansichtskarte
I can see/you can see	ich sehe/man sieht
in the picture	auf dem Bild
to spot something	etwas ausfindig machen
to spot someone/a person	jemanden/eine Person ausmachen
to notice something	etwas bemerken
to notice someone/a person	jemanden/eine Person bemerken

Beispiel:

Task:

- Describe the picture and give your opinion about accidents with skateboards.

Nun kannst du wieder nach den Arbeitsschritten vorgehen. Achte darauf, das Bild so genau wie möglich zu beschreiben und Einzelheiten zu benennen.

TIPP

Wenn du Tätigkeiten von Personen auf dem Bild beschreibst, verwende das *present progressive* als Zeitform.

1. Arbeitsschritt

Hier liegt das Aufgabenformat *talking about pictures* vor.

2. Arbeitsschritt

Das Bild zeigt eine Szene auf einem Skateboardplatz.

3. Arbeitsschritt

▶ **Teilaufgaben:**
- Bildinformation aufnehmen
- Vokabeln bereitstellen
- Beschreibung vornehmen
- Meinung äußern

4. Arbeitsschritt

Bearbeite nun die Teilaufgaben.

A Bildinformation
Es handelt sich um eine Szene auf einem Skateboardplatz.

B Vokabeln bereitstellen
Hier findest du nützliche Vokabeln für die Aufgabe.

Vokabeln für die Bildbeschreibung:

skatepark	Skateboardplatz
half pipe	Halfpipe
on the left	linke Seite
carry out a flying leap	einen Sprung durchführen
on the right next to	rechts neben
in the foreground	im Vordergrund

on his back (merke: Im Englischen wird in so einer Situation immer der persönliche Bezug statt des allgemeinen *the back* gewählt.)	auf dem Rücken
his face shows that he is in pain	schmerzverzerrtes Gesicht
hands	Hände
knee	Knie
broken	zerbrochen
background	Hintergrund
injured boy	Verletzter
mobile phone	Handy (Achtung, falscher Freund!)

Vokabeln für die Meinungsäußerung:

I think	ich denke/glaube
dangerous	gefährlich
easy, als Adverb: easily	leicht
kind of sport	Sportart
should	sollte
helmet	Helm
elbow pads/knee pads	Ellenbogenschoner/Knieschoner
risk	riskieren
injuries	Verletzungen
bad	schlimm

C **Beschreibung vornehmen**
D **Meinung äußern**

5. Arbeitsschritt

Kontrolliere mit der Checkliste.
Du kannst das mündliche Sprechen üben, indem du die erledigten Aufgaben in kurzen Sätzen aufsagst, zum Beispiel:

- Ich habe das Thema und den Inhalt geklärt.
- Ich habe Vokabeln überlegt, die ich brauchen werde.
- Ich habe das Bild beschrieben und alles genannt, was zu sehen ist.
- Ich habe meine Meinung zu Unfällen beim Skateboardfahren geäußert.

Kontrolliere deine Lösung mit der Beispiellösung auf Seite 93.
Zur weiteren Übung kannst du auch jetzt selbst verschiedene Bilder, Fotos aussuchen und sie nach derselben Methode bearbeiten.

Presentation

Hier sollst du etwas vorstellen oder darstellen. Nehmen wir an, es handelt sich um eine Person. Dann musst du überlegen, was du über die Person sagen kannst, wem du es sagen sollst (Adressatenbezug) und zu welchem Zweck, in welchem Zusammenhang diese Vorstellung erfolgen soll. Das wird dir in der Aufgabenstellung mitgeteilt werden. Zur allgemeinen Vorbereitung kannst du dir Cluster bzw. *word webs* anlegen mit den **Oberbegriffen** Aussehen, (Charakter-)Eigenschaften, Vorlieben, Kenntnisse/Fähigkeiten, Berufe, Familie.

Beispiel 1

Task:

- In your letter of application for a job as a shop assistant in a fashion shop you have not mentioned everything that qualifies you for this job. Now you are invited for an interview and asked to present yourself and explain why you think you should get the job.
  (In deinem Bewerbungsschreiben für die Stelle einer Verkäuferin in einem Modegeschäft hast nicht alles angegeben, was dich für diese Stelle qualifiziert. Jetzt bist du zu einem Vorstellungsgespräch eingeladen und wirst gebeten, dich vorzustellen und zu sagen, warum du die Anstellung bekommen solltest.)

Wie du schon weißt, gehst du nach den bekannten Arbeitsschritten vor.

1. Arbeitsschritt	*presentation*	Du sollst etwas vorstellen.

2. Arbeits-schritt	Inhalt:	Du musst eine Person auf ihre Eignung für einen bestimmten Job hin vorstellen, und zwar dich selbst.
3. Arbeits-schritt	Teilaufgaben: • Was von mir ist hier wichtig? • Vokabeln	 Ich ziehe mich selbst modisch an. Ich bin über Trends informiert. Ich kann gut mit Leuten umgehen. Ich kann gut beraten. Ich bin freundlich. Ich bin ordentlich, pünktlich. Ich bin hilfsbereit. Ich kann im Team arbeiten, aber auch allein. Ich bin zuverlässig, verantwortungsbewusst. Ich habe gute Beurteilungen im Arbeits- und Sozialverhalten. Ich habe gute Noten in Mathematik. Dazu kannst du die *word webs* benutzen.
4. Arbeits-schritt		Lösung formulieren
5. Arbeits-schritt		Kontrollieren mit der Checkliste. Die spezielle Checkliste kannst du wieder mithilfe der Liste der Teilaufgaben erledigen.

Auf Seite 93 findest du wieder eine Beispiellösung.
In der Beispiellösung sind einige Begriffe unterstrichen. Diese Begriffe kannst du in ein *word web* übertragen. Benutze ein Wörterbuch für die Begriffe, die du nicht kennst. Als Oberbegriff könntest du wählen: Ausdrücke für *„job interviews"*.

Beispiel 2

Task:

- At school you have worked on a project about outsiders. Present the results. Explain how you started and what you found out.
  (Ihr habt ein Projekt über Außenseiter durchgeführt. Stelle die Ergebnisse vor. Erkläre, wie ihr begonnen habt und was ihr herausgefunden habt.)

Und schon legst du wieder los mit den vertrauten Arbeitsschritten.

1. Arbeitsschritt

Es geht um *presentation*, du sollst also etwas vorstellen.

2. Arbeitsschritt

Diesmal soll eine Sache, hier ein Projektergebnis und etwas über den Anfang des Projekts vorgestellt werden. Das Thema des Projekts ist „Außenseiter".
Erarbeite einen Cluster mit dem Oberbegriff „Außenseiter" und notiere alles, was dir dazu einfällt. Danach kannst du zu den gefundenen Unterbegriffen auch noch *word webs* für die Vokabeln anlegen.
Dann solltest du überlegen, wie ihr das Projektergebnis präsentiert habt: als Poster, als Video, als Wandzeitung oder als PowerPoint-Präsentation.

3. Arbeitsschritt

▶ **Teilaufgaben:**
- erklären, wie ihr auf das Thema „Außenseiter" gekommen seid
- sagen, in welcher Form das Ergebnis präsentiert wird
- Unterergebnisse nennen und kurz erläutern
- möglichst ein Hauptergebnis benennen
- einen Kommentar abgeben, wie ihr die Arbeit am Projekt beurteilt habt
- aufzeigen, was ihr daraus gelernt habt und wie ihr das Erfahrene weiter umsetzen könntet oder wollt

4. Arbeitsschritt

Teilergebnisse bearbeiten

5. Arbeitsschritt

Gleiche mit der allgemeinen und der speziellen Checkliste ab.

Diesmal gibt es keine Beispiellösung. Vielleicht hast du aber schon über das Thema „Außenseiter" in anderen Fächern gearbeitet und kannst die Ergebnisse benutzen. Oder du lädst Freunde zu einem privaten Workshop dazu ein. Ihr könntet dann zum Beispiel ein Video dazu anfertigen. Das macht sicher sogar noch Spaß.

Lösungen zu den Aufgaben in diesem Kapitel

Beispiellösung zu *Dialogue with a partner* (S. 83)

You: Hi, I'm ... from Germany. I saw you in the dining room in the hotel last night. My friends and I want to organize a beach volleyball match in the afternoon. Would you like to join us?

He/She: Hi; I'm ... from England. A beach volleyball match? This afternoon? Why not? Sounds like a lot of fun. What time?

You: Not before four. It's too hot.

He/She: Fine. And where do we meet? At the beach?

You: Wait. I think we'd better meet here in the hotel lobby at a quarter to four. It's a bit difficult to explain where on the beach we are going to play. I know where to go and how to get there.

He/She: OK. Can I bring some friends?

You: That would be great. An international match, then.

He/She: That'll be fun. I'll come then. See you at a quarter to four, then.

You: Ok. See you.

Beispiellösung zu *Talking about pictures* (S. 86)

In the picture you can see a skatepark. In the centre there is a half pipe. One boy is just carrying out a flying leap. On the right next to the half pipe there is a boy lying on his back. His face shows that he is in pain. He is holding his right knee with his hands. In the background there is a broken skateboard. Another boy is standing to the right of the injured boy. He is making a phone call on his mobile phone. He is calling an ambulance.

I think accidents can easily happen when you are skateboarding as a beginner. Skateboarding is a dangerous sport. If you don't want to risk bad injuries, you should always wear a helmet and pads for your shoulders and knees.

Beispiellösung zu *Presentation* (S. 90)

As you can see, I like to dress according to the current fashion. Not too much, but basically I do. This means I keep informed about the latest trends. I think I have a good way with people, ask what they would like to see or try on and can give advice. I like to help people to find the outfit that they like. I am always friendly and good-tempered. I am tidy and always on time. Working in a team is easy for me but I can also work on my own. I can be trusted and I am responsible in what I do. In my school report I have high marks in mathematics and social behaviour and I can work hard.

5 Sprachmittlung *(Mediation)*

In diesem Kapitel kannst du dich darauf vorbereiten, wie du anderen als „Dolmetscher" helfen kannst. Du wirst Situationen finden, in denen Menschen Informationen brauchen, aber die Sprache nicht verstehen, in der diese Informationen gegeben sind. Das können Menschen sein, die Englisch, aber nicht Deutsch sprechen, oder Menschen, die Deutsch sprechen, aber die englische Sprache nicht verstehen.

In anderen Situationen sollst du Gespräche zwischen zwei oder mehr Partnern „dolmetschen", weil sie sich ohne deine Hilfe gar nicht unterhalten könnten.

Dabei kommt es darauf an, die Information korrekt zu übermitteln. Du musst nicht wörtlich „übersetzen", sondern nur die Information übermitteln.

INFO

Bei der Aufgabe „**Sprachmittlung**" wirst du als „Dolmetscher" tätig und hilfst Leuten, die kein Englisch oder Deutsch können, an wichtige Informationen zu gelangen.

5.1 Zur Aufgabenstellung

Die Aufgabenstellung kann verschiedene Formulierungen haben. In den Prüfungsaufgaben findest du sie in der Regel auf Englisch. Damit du erst einmal einüben kannst, was genau die Aufgabe von dir verlangt, gibt es hier noch die Übersetzung dazu. So könnte die **Aufgabenstellung** lauten:

- People can't understand the information because they don' speak **English**. Read the text and prepare the information for them in **German**. (Die Leute können die Information nicht verstehen, weil sie nicht Englisch sprechen. Lies den Text und bereite die Information für sie auf Deutsch vor.)

oder:

- People can't understand the information because they don't speak **German**. Read the text and write the information for them in **English**. (Die Leute können die Information nicht verstehen, weil sie nicht Deutsch sprechen. Lies den Text und schreibe die Information in Englisch auf.)

oder:

- A group of people want to talk. Some are **English**, some are **German**. The Germans don't speak **English**, the English don't speak **German**. Help them to get along and write the **English** part in **German** and the **German** part in **English**.
  (Einige Leute möchten sich unterhalten. Einige sind Engländer, andere sind Deutsche. Die Deutschen sprechen kein Englisch, die Engländer kein Deutsch. Hilf ihnen, zurecht zu kommen, und schreibe den englischen Teil auf deutsch und den deutschen Teil auf Englisch.)

5.2 Beispiele zur Sprachmittlung

Zur Sicherheit kannst du deine Lösung nachher mit der Beispiellösung auf Seite 103 vergleichen.

Beispiel 1

Task:

- You're in an English-speaking country together with a friend who doesn't speak any English. Explain in German what these signs mean.
  (Du bist mit einem Freund in einem englischsprachigen Land. Dein Freund spricht kein Englisch. Erkläre ihm, was folgende Schilder bedeuten.)

Sign 1

SAN DIEGO SEA WORLD

Save 20% on entry to the world-famous San Diego Sea World. Enjoy the daily programme including the dolphins show and whale feeding. Walk through the sea tunnel and experience the sharks in their natural habitat. You will feel like people in the film "Jaws" when the sharks get close to the glass wall. Don't miss the college bands in their spectacular uniforms playing great music to entertain you while you are walking around.

Tickets are valid for 3 days. Adult $20, children and students (5–17) $12, under 5 FREE.

Jetzt kannst du wieder mit den Arbeitsschritten (S. 83) loslegen.

1. Arbeitschritt: Aufgabe klären

Bei der *mediation* sollst du Informationen vermitteln.

> **TIPP**
>
> Nicht alles musst du wörtlich übersetzen!

2. Arbeitsschritt: Inhalt und Thema klar machen

Lies die Aufgabe und stelle das Thema fest. Hier: Du sollst einem Freund die Informationen auf dem Schild vermitteln.

3. Arbeitsschritt: Liste der Teilaufgaben anlegen

Kläre nun für dich die wichtigen Informationen. Lege dazu eine Liste an.

A Vokabeln bereitstellen

Notiere wichtige Wörter in einer Liste und überlege, ob du alle kennst.

B Informationen auflisten

▶ **muss:**

- 20% Ermäßigung auf den Eintritt
- tägliches Programm (Delfinschau und Walfütterung) sind im Eintritt enthalten
- im Meerestunnel Haie in ihrer natürlichen Umgebung beobachten
- Musikbands aus den Schulen *(colleges)* tragen tolle, ausgefallene Uniformen
- und spielen klasse Musik
- Tickets für Erwachsene kosten 20 Dollar, für Studenten und Kinder (von 5–17 Jahren) 12 Dollar, Kinder unter fünf frei
- drei Tage gültig

▶ **kann:**

- Gefühl wie im Film „Der weiße Hai" (englischer Titel: *„Jaws")*, wenn im Meerestunnel Haie hinter der Glasscheibe auf dich zuschwimmen

4. Arbeitsschritt: Teilaufgaben bearbeiten

Formuliere nun die wichtigen Informationen für deinen Freund auf Deutsch.

5. Arbeitsschritt: Kontrollieren mit der Checkliste

Hier fällt die allgemeine Checkliste weg, da sie nur für Englisch gilt.

TIPP

Als spezielle Liste kannst du hier deine Liste von Arbeitsschritt 3 verwenden und abhaken, ob du alle dort aufgelisteten Informationen verarbeitet hast. Mündlich kannst du dich durch Sprechen kontrollieren: Ich habe informiert über die Ermäßigung, die Eintrittspreise, was man sehen kann, was man nicht verpassen soll und auch noch gesagt, wie man sich im Meerestunnel fühlt, wenn Haie auf einen zukommen.

Sign 2

We ask you to put your clothes in the lockers before you leave the changing room. Money and other valuables (mobile phones, MP3 players etc.) can be deposited in special lockers next to our staff booth in the hall.

Arbeite nun wieder der Reihenfolge nach die Arbeitsschritte von Seite 83 ab.

1. Arbeitsschritt

Richtig, auch hier geht es um die *mediation*, also um das Übermitteln des Inhalts in die deutsche Sprache.

2. Arbeitsschritt

Du stellst fest, dass dieses Schild Hinweise gibt, damit Besucher sich im Sportcenter oder im Schwimmbad richtig verhalten können.

3. Arbeitsschritt

Du legst wieder die Teilaufgaben fest:

A Vokabeln klären, Liste anlegen

lockers	Schließfächer
changing room	Umkleideraum
valuables	Wertsachen
deposited	deponiert, aufbewahrt
staff booth	Personalraum

B Informationen auflisten

▶ Vor dem Verlassen des Umkleideraums:
- Kleidung in die Schließfächer legen
- Geld und Wertsachen in besonderen Schließfächern neben dem Personalraum in der Eingangshalle deponieren

4. Arbeitsschritt

Formuliere die Informationen auf Deutsch.

5. Arbeitsschritt

Gleiche mit der Checkliste ab: zuerst mit der allgemeinen Checkliste, dann mit der speziellen. Auch hier kann deine Liste der Teilaufgaben als deine spezielle Checkliste verwendet werden.

Beispiel 2

Task:
- Your exchange student from your English twin town doesn't speak German well enough to understand these signs. Tell him/her in English what they mean.
  (Dein Austauschpartner aus der englischen Partnerstadt spricht noch nicht genug Deutsch, um die Schilder genau zu verstehen. Erkläre ihm/ihr auf Englisch, was sie bedeuten.)

Sign 3

Sicherheitshinweis
Auf der Mountainbike-Rennstrecke
besteht Helmpflicht!

Arbeite nach den Arbeitsschritten.

1. Arbeitsschritt	*mediation*	Fremdsprachiges soll übermittelt werden
2. Arbeitsschritt	Inhalt	Ein Hinweisschild für Mountainbiker, einen Helm zu tragen

3. Arbeits-schritt	Teilaufgaben: • Vokabeln	Sicherheitshinweis – *safety warning* Rennstrecke – *racing course* Helm – *helmet* tragen – *wear* Pflicht – *must*
4. Arbeits-schritt		Lösung formulieren
5. Arbeits-schritt		Kontrollieren mit der Checkliste

TIPP

Vergiss nicht die allgemeine Checkliste von Seite 82.

Beispiel 3

Task:

You are on the platform waiting for the train. An announcement is made over the loudspeaker:

„Der REGIONALEXPRESS von Hagen nach Koblenz über Köln Hauptbahnhof, Abfahrt 10 Uhr 46, Gleis 3, hat wegen Gleisarbeiten voraussichtlich 15 Minuten Verspätung."

Next to you there are two elderly ladies talking excitedly in English.

"What did they say? Did you get it?"
"No, sorry, Jane, but it was too fast. I just understood 'train to Cologne'. That's it."
"That is our train. What shall we do now?"

- You have overheard that they could not understand the exact meaning of the announcement and offer to help.

(Du stehst auf dem Bahnsteig und wartest auf den Zug. Da ertönt eine Durchsage.

In deiner Nähe bemerkst du zwei ältere Damen, die aufgeregt auf Englisch miteinander reden. Du hast mitbekommen, dass die Damen die Durchsage nicht genau verstehen konnten und bietest deine Hilfe an.)

TIPP

Lege Wortlisten für verschiedene, alltägliche Situationen an, bei denen es um Informationen geht:

Wie beginne ich ein Gespräch?
Wie beende ich ein Gespräch?

Wie biete ich meine Hilfe an?

Am Bahnhof:
- Fahrkartenkauf
- Fahrplanauskunft
- Durchsagen

Wegbeschreibung

Im Restaurant:
- Speisekarte
- Bestellung

Arbeitsschritte zur Lösung der Aufgabe

Bevor du zu reden beginnst, musst du einiges überlegen:

1. Wie eröffne ich das Gespräch mit meinem Hilfeangebot am besten?
   - Anrede, fragen, ob du helfen kannst
   - Welche Information ist für die Damen wichtig?
     Verspätung: ja, Grund: nein
2. Wie beende ich das Gespräch, nachdem sich die Damen wahrscheinlich bedankt haben?
   - Gern geschehen. Gute Reise.
3. Welche Wörter brauche ich für die Information? Kleine Wortliste:

Excuse me	Entschuldigen Sie
Can I help you?	Kann ich Ihnen helfen?
train to Cologne	Zug nach Köln
late	spät, verspätet
you're welcome	bitte, gern geschehen
have a nice trip	gute Reise

Jetzt kannst du die Aufgabe lösen. Die Redeanteile der Damen sind in der Prüfungsaufgabe wahrscheinlich schon vorgedruckt, sodass du nur deine Redebeiträge in die Lücken setzen musst. Wenn es eine mündliche Aufgabe ist, musst du deine Sätze in die Pausen sprechen. Eine Beispiellösung findest du am Ende des Kapitels auf Seite 104.

Überprüfe nun noch einmal mit der Checkliste:

CHECKLISTE

Habe ich einen Gesprächsanfang gut gewählt?
Habe ich den Damen die wichtige Information gegeben?
Habe ich das Gespräch ordentlich beendet?

Beispiel 4

Task:

- You read an article about your friend's hobby in the Internet. It is in English, not in German. Your friend's Internet doesn't work at the moment, but you want to give him the most important information from the article because you know he would be glad and it could be very useful for him. You decide to phone him.
(Du hast im Internet einen Artikel über das Hobby eines Freundes gefunden, der aber leider nicht auf Deutsch ist. Das Internet deines Freundes funktioniert gerade nicht. Du möchtest ihm aber sehr gern die wichtigsten Informationen geben, weil du weißt, dass sie ihm nützlich sein könnten. Du beschließt, ihn anzurufen.)

Good news for skateboarders

The International Skateboarders Association (ISA) gives information about their successful attempts to provide members with weekly worldwide news on the scene. ISA is proud to be linked to more than one hundred national clubs now and thus to be able to improve the flow of information. Instead of clicking through all the individual national or even local clubs members can now find all the interesting news within seconds with one mouse click only.
ISA offers a free four-week special service to non-members. You just log in at www.isa-special.us, get the information and decide after four weeks whether or not you want to join the ISA. If not you just cancel after you last login. The offer is valid if you log in within two days from now.

Arbeitsschritte

Gehe wieder nach den bekannten Arbeitsschritten (s. S. 96) vor.
Einige nützliche Wörter findest du hier:

successful	erfolgreich
attempts	Versuche
provide	bieten, anbieten
improve	verbessern
flow of information	Informationsfluss
offers	bietet
decide	entscheiden
join	beitreten
valid	gültig

Überlege nun, was dein Freund für seine mögliche Entscheidung unbedingt wissen muss.

- Es geht um die ISA, den internationalen Skateboardverband:
  - Sie sind verlinkt mit über 100 nationalen Clubs.
  - Sie stellen wöchentlich Neuigkeiten aus aller Welt ins Netz.
  - Sie bieten eine vierwöchigen Probelauf für Nicht-Mitglieder an.
  - Das Angebot gilt für die kommenden zwei Tage.

Du rufst nun deinen Freund an und teilst ihm die wesentlichen Informationen mit.

Überprüfe nun noch einmal den Inhalt des Telefonats anhand der Checkliste und hake die erledigten Sätze ab.

CHECKLISTE

Ich habe das kostenlose Angebot des ISA genannt.
Ich habe gesagt, was man wöchentlich abrufen kann.
Ich habe gesagt, dass es für Nicht-Mitglieder ist.
Ich habe die Frist von zwei Tagen genannt.

Lösungen zu den Aufgaben in diesem Kapitel

Beispiel 1
Beispiellösung *Sign 1* (S. 95)
Muss:
Die San Diego Sea World bietet 20% Ersparnis auf die Eintrittspreise.
Das tägliche Programm gehört dazu, es muss nicht extra bezahlt werden. Man kann Delphinshows sehen und die Walfütterung beobachten. Im Meerestunnel kann man die Haie in ihrer natürlichen Umgebung beobachten. Musikbands aus den Colleges spielen in ihren tollen Uniformen flotte Musik zur Unterhaltung.
Die Eintrittspreise betragen für Erwachsene 20 Dollar, für Kinder ab 5 und Schüler bis 17 12 Dollar. Kinder unter 5 Jahren bezahlen keinen Eintritt. Das Ticket gilt für drei Tage.
Kann:
Zusätzlich könntest du deinem Freund noch sagen, dass man sich wie im Film „Der weiße Hai" vorkommt, wenn einem die Haie gegen die Glasscheiben im Meerestunnel entgegenschwimmen.

Beispiellösung *Sign 2* (S. 97)

Das Schild fordert dich auf, deine Kleidung in die Schließfächer zu legen, bevor du den Umkleideraum verlässt. Geld und Wertsachen, auch Handys und MP3-Player kannst du in besonderen Schließfächern in der Eingangshalle neben dem Personalraum einschließen.

Beispiel 2

Beispiellösung *Sign 3* (S. 98)

The sign gives you a safety warning. You must wear a helmet on the mountain bike course.

Beispiel 3 (S. 99)

Beispiellösung

"Excuse me, can I help you?"
"Oh, yes, thank you. What was the announcement about?"
"The train to Cologne is about 15 minutes late."
"Thank you very much. Now we can relax and wait for the train. We will be all right in Cologne for our connecting train to Frankurt Airport. Thank you so much again."
"You're welcome. Have a nice trip."

Beispiel 4 (S. 101)

Beispiellösung

„Hallo, Lukas, habe gerade im Internet etwas gefunden. Ich denke, dass es dich interessiert. Ist aber auf Englisch. Na, egal, ich glaube, ich habe das Wichtigste verstanden. Es geht um die ISA, den internationalen Skateboardverband. Die haben jetzt ein kostenloses Angebot für Nichtmitglieder. Du kannst ihre neuen wöchentlichen Infoseiten vier Wochen testen. Es gibt Infos aus allen Clubs in über hundert Ländern. Du findest es unter www.isa-special.us. Hoffe, dein Internet ist bald wieder OK, denn das Angebot gilt nur, wenn du in den nächsten zwei Tagen antwortest."

6 Wie du deine Kultur und die der anderen erlebst und beschreibst (Interkulturelles Lernen)

Die Welt ist klein geworden. Wir steigen ins Flugzeug und sind schnell in anderen Ländern. Staunend sehen wir andere Menschen – wie sie angezogen sind, was sie essen, wie sie wohnen, wie sie sich benehmen.
Du lernst Englisch. Darum sollst du über englischsprachige Länder mehr erfahren und diese mit deiner Lebenswelt vergleichen können.
Das lässt sich gut machen über E-Mail (siehe Kapitel „Schreiben", Seite 61) mit einem *key pal* (einen E-Mail-Austauschfreund/einer E-Mail-Austauschfreundin).

Task:
- Use these words and phrases to write your first e-mail to your key pal.

about myself	*My name is …* *I live in …* *My address is …* *I'm … years old.* *My family is my (dad, mum, sister, brother).*
about school	*I go to school in …*
	It is a comprehensive/secondary school. *The name is …* *I am in class …* *There are … students, … boys and … girls* *I like/don't like school, but I like …/don't like …* *My favourite subject(s) is/are …* *I have been learning English for … years.*
my hobbies	*football* *listening to music: house, pop, soul* *working with wood* *meeting my friends* *riding my bike*

what I know about ***England***	*London is the capital.* *lots of things to see in London like …* *Tower Bridge, Buckingham Palace, Piccadilly Circus …* *Cars drive on the left-hand side of the road.* *There are lots of green hills and beautiful old houses as in Rosamunde Pilcher's books.* *the Queen, Prince Charles and Camilla, Prince William and Prince Harry* *English people are eccentric.* *It rains most of the time.* *People eat fish and chips.*

Schreibe auch auf, was du über andere Länder weißt, in denen Englisch gesprochen wird.

- Write an e-mail to a person in an English speaking country – a key pal.

INFO

pen friend – Brieffreund
pen pal – umgangssprachlicher Begriff für Brieffreund
key pal – Kumpel, mit dem man sich per E-Mail schreibt

Hier ist ein Beispiel für dich *(sample e-mail):*

Dear Steve,

My name is Richard and I'm 16 years old. I live in Essen. It's a big city in the Ruhrgebiet and European Cultural Capital 2010. My address is Königstrasse 20, 45170 Essen. I go to a secondary school here and it's name is Erich Kästner Schule. It is a Hauptschule and I will leave school next year to do an apprenticeship as a carpenter.
I don't like school very much, but I like mathematics and woodwork. That's why I want to work as a carpenter. I am not too good at English but I want to learn a lot because everybody needs it some time or other.
I would very much like to exchange e-mails with you to get to know you and your country.

My hobbies are woodwork, music and football. You call it soccer, don't you? I know many English soccer players. And our national team captain Ballack plays for Chelsea.
Well I must go now and hope to hear from you,
Best wishes,
Richard

Nun bekommt Richard eine Antwort auf seine E-Mail.
Er freut sich und liest die E-Mail. Dabei fällt ihm auf, dass er einiges nicht versteht und sogar nicht einmal kennt.

Steves Antwortbrief an Richard *(sample answering e-mail):*

Dear Richard,
You have a nice name, which a lot of English kings had too.

Hi, I am your key pal from my school in Weymouth. Nice to know you.
I can answer your e-mail now, because we have just started our computer science lesson after Assembly at 9 o'clock.
When does your school start? I like school because I have interesting subjects and nice teachers. I like working on my portfolio in art. We do a lot of art stuff and I draw and copy things like furniture and do my own designs. Maybe I will go to art school one day after school but I don't know whether I will be good enough.
As my mum doesn't earn a lot of money, I have to work right after school for a while. There are always jobs at Waitrose. I like sport, too, and we are going to have a cricket match this afternoon on the playing field.
My school is a comprehensive with about 800 pupils. We wear a dark blue school uniform, white shirt and a tie. In the afternoon I love getting out of it and putting on casual clothes. Sometimes I go riding, then jeans are alright and my wellingtons because of the mud outside the stables.
Your English is very good, and I wish I could write letters in German like you do in English but I am lazy, I guess, and it's so boring to study all that grammar.
My mum says you could stay with us if you ever want to come over. We only have a very small terraced house, but there's a guest room.
See you,
Steve

Tasks:
- Now you are Richard and read Steve's e-mail.
- Note down your questions.
- Answer the letter and the questions in the e-mail.
- But also ask your questions to find out about him and his school and home.

Questions you can ask
Where do you live?
What school do you go to?
Will you get a leaving certificate or a qualification when you leave school?
What are you going to do after school?
Do you have any jobs in the afternoons or at weekends?
Do you like …?
Have you ever …?
What do you think about …?

Lies Richards E-Mail. Notiere dir deine Fragen!
Schlage unbekannte Wörter nach und versuche, aus dem Zusammenhang deine Fragen zu klären. Wenn du immer noch Probleme hast, ist es richtig, wenn du Steve in einer nächsten E-Mail selbst fragst. Das ist gut für euch, damit ihr wisst, was der andere für Fragen hat und ihr euch durch eure Fragen besser kennen lernt.
Schreibe dann erst deine Antwort an Steve.

TIPP

Find out about differences (Unterschiede) und *common things* (Gemeinsamkeiten) *between you and others. It will help you to understand and be a good friend.*
Damit du viel über Menschen und Länder lernst, schreibe über Unterschiede und Gemeinsamkeiten. Wenn du sie erkennst und verstehst, wirst du ein guter Freund.

Differences

Task:
- Write down at least 4 differences between you and your key pal.

me	*my key pal*
I don't wear school uniform.	*He wears school uniform.*
…	…

Task:
What do you find interesting and surprising about it?
- Write 5 sentences about the differences and how you feel about them.

So könntest du deine Sätze beginnen:

I think that …	Ich glaube, dass …
I was astonished that …	Ich war überrascht, dass …
The fact that Steve …	Die Tatsache, dass Steve …
I would not like …	Ich würde nicht gern …
I would like very much to …	Ich würde sehr gern …
Here in Germany it is …	Hier in Deutschland ist es …
In England there is …	In England gibt es …

Common things

Task:
- Write down at least four things which you have in common.

me	*my key pal*
I go to school (Hauptschule)	*he goes to school (comprehensive)*
…	…

Task:

Is it good to have things in common?

- Write 5 sentences about the things you have in common and how you feel about it.

- *I think it is good to find out that he and I …*
- *Most young people have …*
- *We can talk about …*
- *I can ask him how he manages his …*
- *I wonder if …*
- *I am glad he …*

INFO

Interkulturelles Wissen ist der Schlüssel zum Erfolg in der Wirtschaftswelt von heute, auf Reisen und überall, wo man andere Menschen trifft.

Bei den folgenden Aufgaben geht es um ein Basiswissen, das du dir aneignen solltest. Wenn du eine Sprache lernst, ist es gut, auch viel über das Land oder die Länder zu wissen. Du findest Informationen über Großbritannien und andere Länder in Büchern über diese Länder, Nachschlagewerken und im Internet. Das Wissen über ein bestimmtes Land nennt man **Landeskunde**. Das Vereinigte Königreich ist seit 1973 Mitglied der Europäischen Union (EU).

Tasks to find out and think about other countries and their people, history, politics, languages, culture and so much more

Die Lösungen zu den Aufgaben findest du am Ende des Kapitels ab Seite 111.

Tasks:

1. What does "United Kingdom of Great Britain and Northern Ireland" stand for?
2. What is "Great Britain"?
3. What do you know about "The Commonwealth" or "The Commonwealth of Nations"?

TIPP

Schau nach unter:
www.commonwealth-of-nations.org/commonwealth-home

4. Find out and write down 5 things about life in Great Britain, in the USA, in Australia, Canada, Malta, South Africa and other English speaking countries.

INFO

Du findest Informationen zu den Ländern in deinen Schulbüchern, im Internet, den *tourist information bureaus* oder sogar bei deinem örtlichen Reisebüro.

5. Find out and write down about differences between Germany and these countries.
6. Find out and write down some prejudices (Vorurteile) people have – or you have! – against life in the USA or Great Britain.
7. What prejudices do foreign people have about people in Germany?

Lösungen zu den Aufgaben in diesem Kapitel

Task 1

Beispiellösung

The official name is "United Kingdom of Great Britain and Northern Ireland". It is a constitutional monarchy *(parlamentarische Monarchie)*. Head of state is the king or the queen. The United Kingdom has been a member of the EU since 1973, but still has its own currency, the pound *(Pfund)*.

Task 2

Beispiellösung

Great Britain is the official name given to the two kingdoms of *England* and *Scotland*, and the principality of *Wales*.

Great Britain is made up of:

England – The capital is ***London***.

Scotland – The capital is ***Edinburgh***.

Wales – The capital is ***Cardiff***.
Great Britain is divided into small regions called *counties*.

Task 3

Beispiellösung

Formerly known as the British Commonwealth, the Commonwealth of Nations is a loose association of former British colonies, dependencies and other territories – and Mozambique, which has no historical ties to Britain.
The Commonwealth is an association of sovereign nations which support each other and work together towards international goals. It is also a "family" of peoples. With their common heritage in language, culture, law, education and democratic traditions, among other things, Commonwealth countries are able to work together in an atmosphere of greater trust and understanding than generally prevails among nations. At the start of 2010, there were 54 member countries in the Commonwealth.

Task 4

Beispiellösung

Here you find a few examples:

- USA
  Tourists love to go to New York with its skyscrapers.
  The former film star Arnold Schwarzenegger, who was born in Austria, is Governor of California now.
  The Gulf of Mexico was polluted by a leak on an oil rig in 2010.
- Canada
  They speak English and French there.
  The Winter Olympic Games 2010 took place in Vancouver.
  The Inuits are the old population of today's Canada.
- Australia
  It is very hot at Christmas time.
  In Australia there are the funniest animals in the world.
- New Zealand
  New Zealand is beautiful and they made the film "Lord of the Rings" there.
- South Africa
  The FIFA World Cup is being held there in 2010.
- Malta
  Malta has better weather than England, so that lots of young people love to learn English there.

Task 5

Beispiellösung

England	Germany
Queen	President
drive on the left	drive on the right
love tea	drink coffee
pupils wear school uniform	pupils wear normal clothes
training on the job	apprenticeship

Task 6

Beispiellösung

USA	Great Britain
All Americans drink coke.	English food is lousy.
They eat Big Macs every day.	It rains all the time.
They chew gum all day.	It is always foggy in London.
They watch television even while they are eating meals.	In England all men wear Bowler hats and carry umbrellas.
The women are fat and wear Bermuda shorts.	The British are eccentric.
There are a lot of gangsters in Chicago.	They eat porridge for breakfast every day.
	They all play cricket.

Task 7

Beispiellösung

All Germans are blond.
They wear lederhosen and dirndl.
They love sauerkraut and sausages.
Germans are always on time and reliable.

Teil III: Fehler vermeiden

7 Frische deine Grammatikkenntnisse auf *(Refresh your grammar)*

Dieses Kapitel wiederholt wichtige Regeln der englischen Grammatik. Es dient dazu, dich an grammatische Regeln zu erinnern. Du kannst das Kapitel entweder Seite für Seite durcharbeiten oder dir bestimmte Bereiche heraussuchen, die du auffrischen möchtest.

7.1 Die Wortarten im Englischen *(types of words)*

In der englischen Sprache werden folgende Wortarten unterschieden:

type of word **(Wortart)**	***definition*** **(Erklärung)**
adjective (Adjektiv)	• beschreibt, wie jemand ist *(tall)*, beschreibt, wie etwas ist *(fantastic)*.
adverb (Adverb)	• beschreibt, wie jemand etwas tut *(well)*. Darüber hinaus gibt es • Häufigkeitsadverbien *(sometimes)*, • Adverbien der Zeit *(today)* • Adverbien des Ortes *(here)*.
connective/conjunction (Konjunktion)	• Verbindungswort *(and, but, or)*
determiner (Bestimmungswort) *article* *quantifier* *numeral*	• Bestimmungswort, das immer vor einem Nomen steht, • bestimmte und unbestimmte Artikel *(the, a, an)*, • gibt an, wem etwas gehört *(my, our)*, • gibt die Menge oder Anzahl von Dingen oder Personen an *(one, two, many, some)*.
interjection (Interjektion)	• ein meist plötzlicher Ausruf *(Ouch!)*

preposition (Präposition)	• drückt Beziehungen oder Verbindungen zwischen Personen oder Dingen aus *(to, in, on, at)*, • wird in Verbindung mit Nomen benutzt *(on the table)*.
pronoun (Pronomen)	• Fürwort *(he, it, they)*, • steht für ein Substantiv *(noun)*.
noun (Substantiv/Nomen)	• bezeichnet Personen, Sachen oder Ereignisse *(Peter, dog, Berlin)*.
verb (Verb)	• drückt eine Handlung aus *(play, read)*, • drückt einen Zustand aus *(be)*, • es gibt regelmäßig und unregelmäßig gebildete Verben.

Bei den Verben gibt es bestimmte Kombinationen mit anderen Wortarten *(phrasal verbs)*, die du kennen solltest. Außerdem brauchst du für bestimmte Zeitformen Hilfs- oder Modalverben *(auxiliary verbs)*. Eine kurze Zusammenstellung solcher Verben findest du in der folgenden Liste.

types of verb	***examples* (Beispiele)**
auxiliary verbs (Modalverben/Hilfsverben)	*can/can't, could/couldn't, do/does, don't/doesn't, have/has, haven't/hasn't, must/must not, need/needn't, should/shouldn't, will/won't, would/wouldn't, may/may not, might/might not*
verb + adverb	*put down, throw away, take away, lay down, work out, take off*
verb + adverb + preposition	*put it in the box*
verb + preposition	*talk to, come into, look at, go on, go to, start at, finish at*
verb + present participle	*go shopping, go swimming*
verb + noun	*play football, play basketball, play tennis*

7.2 Die Formen von *to be (forms of to be)*

Das englische Verb *to be* heißt auf Deutsch „sein".
Außerdem gibt es von ***to be*** eine Langform und eine Kurzform.
Die **Langform** benutzt du **beim Schreiben**, die **Kurzform beim Sprechen**:

Langform von *to be*		**Kurzform von *to be***	
I	*am*	*I'm*	ich bin
you	*are*	*you're*	du bist
he	*is*	*he's*	er ist (bei einer Person)
she	*is*	*she's*	sie ist (bei einer Person)
it	*is*	*it's*	es ist (bei Dingen und Ereignissen)
we	*are*	*we're*	wir sind
you	*are*	*you're*	ihr seid
they	*are*	*they're*	sie sind

Die Verneinung bildest du mit: (Form von) ***be*** + ***not***:

Verneinung von *to be*	**Kurzform**	
I am not	*I'm not*	ich bin nicht
you are not	*you aren't*	du bist nicht
he/she/it is not	*he/she/it isn't*	er/sie/es ist nicht
we are not	*we aren't*	wir sind nicht
you are not	*you aren't*	ihr seid nicht
they are not	*they aren't*	sie sind nicht

INFO

To be ist ein unregelmäßiges Verb. Die Vergangenheitsformen und das Perfekt werden also unregelmäßig gebildet.

7.3 Modalverben *(auxiliary verbs)*

▶ **Modalverben** drücken aus, ob etwas
- möglich,
- empfehlenswert,
- erlaubt,
- notwendig,
- verboten

ist, war oder sein wird.

▶ Modalverben, die eine Möglichkeit oder eine Fähigkeit ausdrücken:
- *can* (können)
- *cannot/can't* (nicht können)
- *to be able to* (fähig sein zu)
- *be not able to* (nicht fähig sein zu)

Beispiele:
Peter ***can*** *speak Spanish.* *Kevin* ***can't*** *speak Spanish.*
Mary ***is able to*** *run fast.* *Chantal* ***isn't able*** *to run fast.*

Modalverb	**Vergangenheit** ***(past simple)***	**Zukunft** ***(will-future)***
can	*could*	
cannot/can't	*could not/couldn't*	
be able to	*was able to* *were able to*	*will be able to*
not able to	*wasn't able to* *weren't able to*	*won't be able to*

▶ Modalverben, die eine Empfehlung ausdrücken:
- *should* (sollte)
- *should not/shouldn't* (sollte nicht)
- *would* (würde)
- *would not/wouldn't* (würde nicht)
- *ought to* (sollte)

Beispiele:
*You **should** drink a lot of water in summer.*
*You **should not** drink alcohol.*
*You **shoudn't** smoke.*
*I **would** do it.*
*I **wouldn't** go by car.*
*You **ought to** eat healthy food.*

Nach einer Empfehlung fragen:
*Which T-shirt **should** I wear?*

- Modalverben, die eine Erlaubnis angeben:
  - *can* (dürfen)
  - *to be allowed to* (erlaubt sein)

Beispiele:
*You **can** walk on the footpath.*
*You **are allowed** to eat and drink in the cinema.*

Modalverb	**Vergangenheit** ***(past simple)***	**Zukunft** ***(will-future)***
can	*could*	
be allowed to	*was allowed to* *were allowed to*	*will be allowed to*

- Modalverben, die eine Notwendigkeit ausdrücken:
  - *must*
  - *have to*
  - *has to*

Beispiele:
*He **must** do his homework after school.*
*I **have to** go shopping this afternoon.*
*She **has to** tidy up her room.*

Modalverb	**Vergangenheit** **(*past simple*)**	**Zukunft**
have to	*had to*	*will have to* *am/are going to have to*
has to	*had to*	*will have to* *is going to have to*

- Modalverben, die ein Verbot ausdrücken:
  - *must not/mustn't* (nicht dürfen)
  - *be forbidden* (verboten sein)
  - *be not allowed to* (nicht erlaubt sein)
  - *don't* (am Satzanfang: nicht)

Beispiele:
*You **must not** ride your bike on the footpath.*
*You **mustn't** eat during a lesson.*
*It **is forbidden to** jump down the cliffs.*
*Julian is **not allowed to** go outside after 10 p.m.*
***Don't** touch the pictures!*

Modalverb	**Vergangenheit** **(*past simple*)**	**Zukunft** **(*will-future*)**
forbidden to	*was forbidden to* *were forbidden to*	*will be forbidden to*
not allowed to	*wasn't allowed to* *weren't allowed to*	*won't be allowed to*

7.4 Die Zeitformen *(tenses)*

Present simple

- Die Zeitform des *present simple* (einfache Gegenwart) benutzt du, wenn du
  - einen Zustand beschreibst (Formen von *to be),*
  - über Tatsachen berichtest,
  - dich zu Vorlieben äußerst,

- von regelmäßig vorkommenden Ereignisse erzählst *(always, never, usually, normally, after school, every year, every day),*
- über Gewohnheiten sprichst.

Folgende Wörter können dir anzeigen, dass du das *present simple* verwenden musst:

Signalwörter für das *present simple*	
always	immer
never	nie
sometimes	manchmal
often	oft
usually	üblicherweise
normally	normalerweise
regularly	regelmäßig
seldom	selten
hardly ever	so gut wie nie
every day	jeden Tag
every weekend	jedes Wochenende
every summer	jeden Sommer
on Mondays	montags (jeden Montag)
at the weekends	an den Wochenenden (jedes Wochenende)

INFO

Merke:
he, she, it – das -s muss mit!

Den Zustand von Personen oder Dingen beschreiben oder danach fragen

Willst du sagen, wie jemand oder etwas **ist**, benutzt du immer das *present simple*, auch wenn du beschreibst, wie etwas im Moment **ist**.

Um einen Zustand zu beschreiben, brauchst du die Formen von ***to be*** (siehe S. 116).

> ***Beispiele:***
> *Sibel* ***is*** *ill.* *My parents* ***are*** *angry.*

Die Verneinung bildest du mit (einer Form von) ***be*** + ***not:***

Say no:		
Sibel is ***not*** *ill.*	*Sibel isn't ill.*	Sibel ist nicht krank.
My parents are ***not*** *angry.*	*My parents aren't angry.*	Meine Eltern sind nicht wütend.

Eine Frage nach dem Zustand einer Person oder eines Gegenstandes beginnt immer mit (einer Form von) ***be:***

> ***Beispiele für Fragen mit Kurzantworten:***
> ***Is*** *Sibel ill?* *Yes, she is./No, she isn't.*
> ***Are*** *your parents angry?* *Yes, they are./No, they aren't.*

Tatsachen und Vorlieben äußern, über Fakten berichten, sie verneinen oder erfragen

Manche Dinge sind unveränderbare Tatsachen oder zumindest zum Zeitpunkt der Aussage gültige Fakten. Auch Aussagen über Essensvorlieben, Lieblingsfarben, Lieblingstiere oder die Lieblingsband sind zumindest zurzeit zutreffende Fakten, auch wenn sich die Vorlieben irgendwann wieder ändern.

Sobald du dich zu Tatsachen, Fakten oder Vorlieben äußerst oder danach fragst, verwendest du die Zeitform *present simple.*

> ***Beispiele:***
> *I* ***am*** *16.* *London* ***is*** *the capital of Great Britain.*
> *Lars* ***likes*** *pizza.* *In Canada people* ***speak*** *English and French.*

Für die Verneinung gibt es zwei Regeln. Die Regeln sind abhängig von den benutzten Verben:

1. ***be* + *not***
2. ***do/does* + *not*** (bei allen Verben außer *to be)*

Verb	Verneinung
be	*Brazil* ***is not*** *in Europe.*
speak	*In China people* ***don't speak*** *English and French. They speak Chinese.*
play	*Melvin* ***doesn't play*** *football in a team. He plays with his friends.*

Für Fragen nach Tatsachen oder Vorlieben gelten ebenfalls zwei Regeln. Eine für *to be,* die andere für alle anderen Verben. Sie lauten:

1. *To be* steht bei einer Frage am Anfang.
2. Bei allen anderen Verben beginnt die Frage mit *do/does.*

Beispiele für Fragen mit Kurzantworten:	
Is *Denmark in Europe?*	*Yes, it is.*
Does *Lars like pizza?*	*Yes, he does.*
Do *people in China speak French?*	*No, they don't.*
Does *Melvin play football in a team?*	*No, he doesn't.*

Über Gewohnheiten und regelmäßig vorkommende Ereignisse sprechen, sie verneinen oder erfragen

Gewohnheiten sind Verhaltensweisen, die man regelmäßig oder immer wieder ausführt. Häufigkeitsadverbien zeigen beispielsweise eine Gewohnheit an. Sie sind deshalb Signalwörter für das *present simple.*

Häufigkeitsadverbien als Signalwörter für *present simple*	
always	immer
never	nie
seldom	selten
hardly ever	so gut wie nie
usually	üblicherweise

normally	normalerweise
often	häufig, oft
very often	sehr oft
regularly	regelmäßig
sometimes	manchmal

Der Bauplan für Sätze im *present simple* mit Häufigkeitsadverbien sieht so aus:

subject	***adverb***	***verb***	***object***	***time***
I	*never*	*drink*	*alcohol.*	
The Millers	*usually*	*have*	*visitors*	*on Sundays.*
Ahmet	*often*	*goes swimming*		*on Mondays.*

▶ Für die Verneinung von Gewohnheiten brauchst du meist das Hilfsverb ***do/does*** + ***not.***

subject	***auxilary***	***adverb***	***verb***	
I	*don't*	*drink*	*alcohol.*	
Ahmet	*doesn't*	*always*	*go swimming*	*on Wednesdays.*
Marie	*doesn't*	*always*	*take*	*the bus.*
We	*don't*	*often*	*eat*	*fish.*

Stellst du Fragen nach den Gewohnheiten anderer, steht ***do/does*** am Anfang der Frage.

auxilary verb	***subject***	***adverb***	***verb***	
Do	*you*		*drink*	*alcohol?*
Does	*Celia*		*go swimming*	*every Wednesday?*
Does	*Ahmet*	*often*	*take*	*the bus?*
Does	*it*	*often*	*rain*	*in California?*

Do	*the Jacksons*	*usually*	*have*	*visitors on Sundays?*
Do	*you*	*ever*	*eat*	*meat?*
Do	*you*	*sometimes*	*play football*	*in a team?*

INFO

Bei Fragen und bei Verneinungen wird *never* zu *ever*.

Present progressive

▶ Das *present progressive* (Verlaufsform der Gegenwart) benutzt du,
- wenn du über Ereignisse oder Handlungen sprichst oder schreibst, die in diesem Moment stattfinden;
- bei Bildbeschreibungen, also wenn du beschreibst, was Menschen auf einem Bild oder Foto gerade tun.

Signalwörter für die Verwendung von *present progressive*	
now	jetzt
at the moment	im Moment, momentan
this minute/this second	in dieser Minute/in dieser Sekunde
right now	gerade jetzt, jetzt eben

Gebildet wird *present progressive* so:
- ***be + verb + -ing.***

subject	***form to be***	***verb + -ing***	***object/time***
I	***am***	*watch**ing***	*TV.*
You	***are***	*gett**ing***	*on my nerves.*
The boy on the photo	***is***	*drink**ing***	*a coke.*
She	***is***	*call**ing***	*her friend now.*
We	***are***	*com**ing***	*right now.*

Das *present progressive* wird auch in der Verneinung benutzt.

> ***Beispiele für die Verneinung mit not:***
> *I'm **not** watching TV now.*
> *You **aren't** getting on my nerves.*
> *She **isn't** listening at the moment.*

Es gibt zwei Möglichkeiten, Fragen im *present progressive* zu stellen.

1. Mit ***be*** am Anfang:

form of to be	***subject***	***verb + -ing***	***object/time***
Are	*you*	*watch**ing***	*TV now?*
Is	*he*	*gett**ing***	*on your nerves?*
Are	*they*	*com**ing***	*right now?*

2. Mit einem **Fragewort** am Anfang:

question word	***form of to be***	***subject***	***verb + -ing***	***time***
What	*is*	*the boy in the photo*	*do**ing**?*	
Where	*are*	*they*	*go**ing***	*right now?*
What	*are*	*you*	*eat**ing***	*now?*

INFO

Endet ein Verb mit **-t**, wird der letzte Buchstabe verdoppelt, wenn ein kurzer Vokal vor dem **-t** steht (Beispiel: *get – getting*).

Present perfect

▶ Die Zeitform *present perfect* (vollendete Gegenwart) benutzt du, wenn du ausdrücken möchtest,

- was eine Person schon irgendwann einmal gemacht hat (*already* – schon; *once* – einmal);
- was eine Person schon häufiger gemacht hat (ein paar Mal: *a couple of times, a few times, every now and then*);

- was jemand noch nie gemacht hat *(never, not once, haven't done yet);*
- was jemand gerade eben getan hat *(just* – gerade);
- ein Ereignis, eine Handlung oder Tätigkeit, die vor längerer Zeit angefangen hat und noch nicht beendet ist *(since, for);*
- wenn Handlungen oder Ereignisse zwar schon beendet sind, aber noch in die Gegenwart hineinwirken
  (Ich habe das Essen bestellt und warte jetzt darauf.);
- wenn Handlungen oder Ereignisse zwar schon beendet sind, aber das Ergebnis noch sichtbar/spürbar ist (bei einer Verletzung).

Signalwörter und typische Zeitangaben für *present perfect*	
already	schon
once	einmal
not once	nicht ein einziges Mal
never	nie
just	gerade eben
since May	seit Mai
for two weeks	zwei Wochen lang
not yet	noch nicht

INFO

Beim *present perfect* wird in der Regel kein genauer Zeitpunkt angegeben.

So wird das *present perfect* gebildet:

▶ Die Zeitform *present perfect* besteht aus zwei Teilen:
- ***have/has* + *perfect*** (3. Verbform).

TIPP

present perfect ist ganz leicht:
have/has + 3. Form – das reicht.

Regelmäßige Verben bilden die 3. Verbform *(perfect)* mit ***-ed.***
Unregelmäßige Verben haben ein **unregelmäßiges Partizip** *(perfect).*

subject	***have/has***	***adverb***	***perfect***	***object/time*** **wie oft/wie lange?**
I	***have***	*already*	***seen***	*the film.*
You	***have***		***been***	*in London once.*
She	***has***		***been***	*ill for three weeks.*
He	***has***		***cut***	*his finger (and it is bleeding).*
The weather	***has***	*already*	*chang**ed**.*	
He	***has***		***broken***	*his leg (and he can't play).*
We	***have***	*just*	*finish**ed***	*our match.*
They	***have***	*just*	*order**ed***	*their meals.*

▶ Die Verneinung des *present perfect* wird gebildet mit
- ***have/has*** + ***not*** + 3. Verbform.

Beispielsätze zur Verneinung im present perfect:
*I **haven't** ever **been** to a disco.*
*I **haven't decided** yet what I will do after school.*
*Nina **hasn't finished** her homework yet.*
*It **hasn't rained** for three months.*
*Me and my family **haven't met** our president yet.*
*Most of my friends **haven't been** to a concert.*

▶ **Fragen stellen** kannst du auf zwei verschiedene Arten:
- Willst du fragen, **ob** jemand schon einmal etwas getan hat, helfen dir die Wörter *already* (schon) und *ever* (jemals). *Have/has* steht bei „ob-Fragen" am Anfang.
- Willst du fragen, **wie oft** *(how often)* oder **warum** *(why)* jemand etwas getan hat, stehen die Fragewörter am Anfang.

Beispiele für Fragestellungen im present perfect mit Antworten:	
***Have** you already seen the film?*	*Yes, I have.*
***Have** you ever been to London?*	*Yes, I've been there once.*
***Has** Adel finished his homework yet?*	*No, he hasn't.*
***Have** you already ordered your meals?*	*Yes, we have.*
***How often** have you been to Turkey?*	*About 5 times.*
***Why** haven't they tried spring rolls yet?*	*They don't like Chinese food.*
***Why** have you never been to a museum?*	*I don't know.*

Past simple

Berichtest du über Handlungen oder Ereignisse, die in der Vergangenheit abgeschlossen wurden, benutzt du das *past simple* (einfache Vergangenheit). Entscheidend dabei ist der Zeitpunkt des Sprechens. *A minute ago* (vor einer Minute) ist genauso abgeschlossene Vergangenheit wie *yesterday* (gestern).

Folgende Wörter signalisieren die abgeschlossene Vergangenheit:

Typische Zeitangaben für das *past simple*	
yesterday	gestern
last week/last year	letzte Woche/letztes Jahr
last summer	im letzten Sommer
last …	letzte/letzten/letztes …
two days ago	vor zwei Tagen
a year ago	vor einem Jahr
a minute ago	vor einer Minute
in 1998	im Jahr 1998

▶ So wird das *past simple* gebildet:
- Für das *past simple* brauchst du die **2. Verbform.**

Regelmäßige Verben bilden die 2. Verbform mit -***ed*** am Ende:

regelmäßiges Verb	**2. Verbform *(past simple)***
talk	*talked*
dance	*danced*
play	*played*
try	*tried*
look	*looked*
visit	*visited*

Unregelmäßige Verben bilden die 2. Verbform unregelmäßig.

unregelmäßiges Verb	**2. Verbform *(past simple)***
be	*was/were*
do	*did*
go	*went*
have	*had*
make	*made*
see	*saw*

TIPP

Lerne die unregelmäßigen Verben auswendig!

Die Verneinung im *past simple*

▶ Für die Verneinung im *past simple* gelten 3 Grundregeln:

1. Die Verneinung von ***was/were*** erfolgt mit ***not.***
2. Die Verneinung von ***could*** und ***would*** erfolgt mit ***not.***
3. Die anderen Verben werden verneint mit ***didn't*** + Verb in der Grundform.

Beispiele für Verneinung im past simple mit not:
*I **wasn't** hungry an hour ago.*
*They **weren't** tired after the concert last night.*
*Last year I **couldn't** play football for my team.*

Verneinung im past simple mit didn't + Verb in der Grundform:
*I **didn't see** you on the bus yesterday.*
*She **didn't buy** anything last week.*

Fragen stellen im *past simple*

Entscheidend für die Form der Fragestellung im *past simple* ist das Verb. Für die meisten Verben braucht man für die Fragestellung im *past simple* das Hilfsverb ***did.*** Verwendest du die Verben ***was/were*** oder ***could,*** benutzt du kein Hilfsverb.

Did ist die Vergangenheitsform von ***to do.*** Da bereits das Hilfsverb die Vergangenheit anzeigt, steht das Hauptverb in der Grundform.

Für die Fragestellung im *past simple* gelten folgende Regeln:

- Die Frage beginnt mit ***did,*** wenn kein Fragewort verwendet wird. Wird ein Fragewort verwendet, folgt ***did*** dem Fragewort. Das Fragewort steht also am Anfang der Frage.
  - Benutzt du die Verben, ***was/were*** oder ***could,*** so stehen diese am Anfang, wenn kein Fragewort verwendet wird. Ansonsten steht das Fragewort am Anfang.

Beispiele für Fragestellung im past simple mit did ohne Fragewort:

***Did** you **see** the film yesterday?*	*No, I didn't.*
***Did** your sister **pass** her exam last week?*	*Yes, she did.*
***Did** you **visit** your family last weekend?*	*Yes, we did.*

Beispiele für Fragestellung im past simple mit Fragewort + did:

***What did** you do on your last holiday?*	*I learned skating.*
***What did** you do yesterday?*	*I watched TV.*
***When did** you watch TV?*	*After dinner.*

Fragestellung im past simple mit den Verben was/were und could:	
Were *you ill last week?*	*Yes, I was.*
How ***was*** *your last holiday?*	*It was great.*
Could *you do task 5 in our last English test?*	*No, it was too difficult.*
How could *you sleep? It was so loud!*	*Well, I was very tired.*

Past progressive

- Mit dem *past progressive* (Verlaufsform der Vergangenheit) kannst du ausdrücken,
  - dass jemand zu einem bestimmten Zeitpunkt in der Vergangenheit gerade dabei war, etwas zu tun;
  - dass jemand in der Vergangenheit gerade dabei war, etwas zu tun oder dass etwas passierte, als **gleichzeitig** etwas anderes geschah.

  Die meist kürzere, zweite Handlung steht im *past simple*.

Signalwörter, die eine Gleichzeitigkeit anzeigen	
while	während
when	als
at the same time	zur gleichen Zeit

- So wird das *past progressive* gebildet:
  - ***was/were + verb + -ing***

time	***subject***	***was/were***	***verb + ing***	***object***
At 10 o'clock last night	*I*	*was*	*watching*	*TV.*

Beispiele für gleichzeitig stattfindende Handlungen in der Vergangenheit:
While ***I was watching*** *TV, my brother started to cry.*
When the phone rang, they ***were playing*** *badminton in the garden.*
The house ***was burning*** *down when the fire brigade arrived.*
While we ***were taking*** *the class test, the fire alarm went off.*
What ***were*** *you* ***doing*** *when I tried to call you? – I* ***was looking*** *for my key.*

Past perfect

Mit dem *past perfect* (Vorvergangenheit) beschreibt man eine Handlung in der Vergangenheit, die **vor** einer anderen Handlung in der Vergangenheit stattgefunden hat. Die nachfolgende zweite Handlung steht im *past simple*.

Wörter, die eine Vorzeitigkeit anzeigen	
before	bevor
after	nachdem

- Das *past perfect* besteht aus zwei Teilen:
  - ***had*** + *perfect* (3. Verbform)

Denke daran, dass die **3. Verbform** bei **regelmäßigen Verben** auf *-**ed*** endet. Bei den **unregelmäßigen Verben** ist das *perfect* (die 3. Verbform) **unregelmäßig**. Am besten, du lernst die drei Formen der unregelmäßigen Verben auswendig.
Die Form ***had*** ist bei allen Personen gleich.

1. Verbform (Infinitiv)	***past perfect (had* + 3. Verbform)**
watch	*had watched*
play	*had played*
buy	*had bought*
find	*had found*

Beispiele für die Verwendung des past perfect:
*Fred's mother told the police that she **had lost** her key.*
*After I **had eaten** dinner, I went to the cinema.*
*After Patricia **had bought** a new T-shirt, she didn't have any money for the bus ticket.*
*By the time my dad came home, I **had finished** my supper.*

Future

- Wenn du über Dinge sprechen möchtest, die in der Zukunft stattfinden oder stattfinden werden, benutzt du *future tenses* (die Zeitformen der Zukunft). In der englischen Sprache gibt es zwei verschiedene Formen von *future:*
  - ***will**-future,*
  - ***going to**-future.*

Typische Zeitangaben für *future*	
tomorrow	morgen
next week/next year/ next summer	nächste Woche/nächstes Jahr/ im nächsten Sommer
next ...	nächste/nächsten/nächstes ...
in two days time	in zwei Tagen
one year from now	in einem Jahr
in a minute/in three hours/ in ten years	in einer Minute/in drei Stunden/ in zehn Jahren
in 2030	im Jahr 2030

will-future

▶ Möchtest du ausdrücken,

- was nach deiner Meinung geschehen oder nach der Meinung von anderen Personen in Zukunft passieren wird,
- was möglicherweise/wahrscheinlich *(probably)* wird,
- was du möglicherweise tun könntest,

verwendest du das *will-future*.
Diese Zeitform besteht aus zwei Teilen:

- ***will*** + ***verb*** (1. Verform/Infinitiv).

Der Bauplan für Sätze mit *will-future* sieht so aus:

***opinion* (Meinung)**	***subject***	***will + verb***	***object***	***time***
Frederick thinks	*he*	***will get***	*a new computer*	*next year.*
I'm sure	*we*	***will win***	*our next match.*	
I		***will have***	*a party*	*when I finish school.*

Die Form *will* ist bei allen Personen gleich.
Die Verneinung von *will* lautet *won't*. Auch diese Form ist bei allen Personen gleich.

Beispiele der Verneinung in der Zeitform will-future:
We think that the bus ***won't be*** *on time tomorrow because it's often late.*
We probably ***won't have*** *snow over Christmas. It's not cold enough.*

going to-future

▶ Möchtest du mitteilen,
- was für die Zukunft fest geplant ist,
- was sicher vorauszusehen ist,
- was du aus bestimmten Gründen sicherlich nicht tun wirst,

verwendest du das *going to-future*.
Diese Zeitform besteht aus drei Teilen:
- form of ***to be*** + ***going to*** + ***verb*** (1. Verform/Infinitiv)

subject	***correct form of to be***	***going to***	***verb* (1. Verbform)**
I	*am*	*going to*	*meet …*
you	*are*	*going to*	*watch …*
he/she	*is*	*going to*	*see …*
it	*is*	*going to*	*rain …*
we	*are*	*going to*	*drive …*
you	*are*	*going to*	*write …*
they	*are*	*going to*	*visit …*

Beispielsätze zur Verwendung des going to-future:
Our class ***is going to*** *go to England next year. We've already booked rooms in the youth hostel.*
It ***is going to*** *rain in a minute. Look at the dark clouds over there.*
We ***are going to*** *marry in June. Everything is planned.*

▶ Möchtest du ausdrücken, dass du etwas ganz bestimmt nicht tun wirst, benutzt du
- form **of *to be*** + ***not*** + ***going to*** + **verb**

Beispielsätze für die Verneinung mit going to:
I ***am not going to*** *work as a file clerk after I've finished school. I think the job is boring.*
Peter ***is not going to*** *buy the CD. It is too expensive.*
They ***are not going to*** *see the film again. It's not that good.*

7.5 Substantive/Nomen und ihre Artikel *(nouns)*

Nouns (Substantive/Nomen) bezeichnen Personen *(Terry),* Sachen *(book)* oder Ereignisse *(Olympic Games).* In der englischen Sprache unterscheidet man zwischen zählbaren *(countable)* und unzählbaren *(uncountable)* Substantive/Nomen.

Zählbare Substantive/Nomen *(countables)*

Die meisten *nouns* sind zählbar und haben Singular- und Pluralformen (also Einzahl und Mehrzahl). Solche *countables* werden immer benutzt mit

- einem unbestimmten Artikel: ***a/an***
- oder einem bestimmten Artikel: ***the***.

Den unbestimmten Artikel benutzt du immer dann, wenn du irgendeine Sache meinst (= keine bestimmte). Den bestimmten Artikel verwendest du – wie schon das Wort sagt – wenn du etwas ganz Bestimmtes meinst.

countable noun	***a/an***	***the***
book	*a book*	*the book on the table*
policewoman	*a policewoman*	*the policewoman in the car*
apple	*an apple*	*the apples in the basket*
egg	*an egg*	*the white egg*

Die Pluralform (Mehrzahl) der *countables* ist leicht zu bilden. Du hängst dann meist ein *-s* an das Wort. Ausnahmen sind ***man*** und ***woman***: im Plural wird **a** zu **e**.
Der unbestimmte Artikel fällt bei der Mehrzahl immer weg. Der bestimmte Artikel bleibt, wenn man ganz bestimmte Sachen meint.

countable noun	*plural forms*	*the + plural forms*
book	*three books*	*the three books on the table*
game	*games*	*the Olympic Games*
policewoman	*two policewomen*	*the two policewomen in the car*
man	*six men*	*the six men in my hockey team*

Nicht zählbare Substantive/Nomen *(uncountables)*

Die unzählbaren *nouns (uncountables)* können keine Pluralform bilden.
Dazu gehören

- namentlich genannte Personen *(Terry, Peter, Sam, Emma, Lisa),*
- Namen für Kontinente, Länder, Städte, Straßen, Seen, Flüsse usw. *(Europe, China, London, Route 66, Lake Michigan, Hudson River),*
- Substanzen *(water, tea, coffee, metal, meat, stone),*
- Nomen, die mit dem Wetter zu tun haben *(rain, snow),*
- Nomen, von denen es nur eines oder zur Zeit nur eines gibt *(sun, moon, life, breakfast, dinner, lunch),*
- abstrakte Nomen *(music, boredom, love, heat).*

Es gibt drei Besonderheiten bei den *uncountables*, die du dir merken solltest:

1. *uncountables* werden **nie** mit einem unbestimmten Artikel *(a/an)* benutzt;
2. *uncountables* stehen ohne Artikel, wenn man sie im allgemeinen Sinn (also unbestimmt) verwendet;
3. Namen für Personen, Kontinente, Länder, Städte usw. werden ohne Artikel benutzt – es sei denn, zu dem Namen gehört schon ein Artikel *(the Netherlands, the USA).*

Beispielsätze mit uncountables ohne Artikel:
Can I have tea for breakfast, please?
Life isn't easy.
Love is wonderful.

INFO

Schreibst du über Berufe, benutzt du den unbestimmten Artikel.

Die *-ing*-Form als Nomen

In der englischen Sprache kannst du – wie im Deutschen – aus einem Verb ein Nomen machen. Das funktioniert, indem man an das Verb ein ***-ing*** anhängt. Diese Form heißt auf Englisch *gerund*. Du benutzt sie, wenn du mitteilen willst,

- dass jemand in einer Sache besonders gut ist,
- dass jemand in manchen Dingen besonders schlecht ist,
- dass jemand bestimmte Tätigkeiten besonders gut findet,
- dass jemand bestimmte Tätigkeiten hasst,
- dass jemand an besonderen Themen oder Dingen interessiert ist,
- dass jemand etwas bevorzugt.

Beispielsätze zur Verwendung der -ing-Form als Nomen:
*Tom is good at swimm**ing**.*
*Marida is really bad at danc**ing**. But she loves play**ing** basketball.*
*I hate clean**ing** my room. Wash**ing** the dishes drives me crazy, too.*
*Eyup is interested in cook**ing**. Cook**ing** is his hobby.*
*Peter prefers play**ing** football with his friends to play**ing** it for a club.*
*My two brothers prefer danc**ing**. They don't like play**ing** with a ball.*

7.6 Bestimmungsfragen *(question words)*

In Klassenarbeiten und Prüfungen musst du häufig Bestimmungsfragen beantworten. Mit ihnen lässt sich nämlich herausfinden, wer, wo, wann, was, warum, wie getan hat.

question word	***in German***	***example***
who?	wer?	*Who did work experience in summer?*
what?	was?	*What will you do after school?*
where?	wo?	*Where did you do your last work experience?*
when?	wann?	*When will you finish school?*
why?	warum?	*Why do you want to go to college?*
which?	welche? welcher? welches?	*Which of these films is your favourite?*
whose?	wessen?	*Whose mobile phone is it?*
how?	wie?	*How are you?*

INFO

Ein Fragewort steht immer am Anfang einer Frage.

7.7 Adjektive und ihre Vergleichsformen *(adjectives)*

Mit **Adjektiven** kannst du

- Personen, Gegenstände oder Erlebnisse beschreiben *(nice, bad, fast),*
- Personen, Gegenstände oder Erlebnisse miteinander vergleichen (Wer oder was ist gleich groß, größer, interessanter oder besser?).

▶ Willst du gleiche Dinge miteinander vergleichen, brauchst du

- ***as + adjective + as.***

Beispiel für den Vergleich gleicher Personen oder Dinge:
Marie is as old as Dorothee.
The blue T-shirt is as expensive as the green T-shirt.

▶ Willst du ungleiche Personen oder Dinge miteinander vergleichen, steigerst du die Adjektive. Das geht so:

- Bei einsilbigen Adjektiven hängst du ein ***-er*** oder ein ***-est*** an das Adjektiv. Beispiele: *fast, slow, big, old, tall, loud, dark, quick, cheap.*
- Zweisilbige Adjektive, die auf ***-y*** enden, werden auch mit ***-er*** oder ***-est*** gesteigert. Beispiele: *happy, funny, sunny, easy, noisy, tricky.*
- Zweisilbige Adjektive, die **nicht** mit ***-y*** enden, steigerst du mit den Wörtern ***more*** oder ***most***. Beispiele: *boring, clever, quiet, careful.*
- Mehrsilbige Adjektive steigerst du immer mit **more** oder **most**. Beispiele: *interesting, beautiful, expensive, difficult, exciting, dangerous.*

INFO

Für Adjektive brauchst du die Verbformen von ***to be*** (sein).

Vergleichsformen einsilbiger Adjektive

Folgende 4 Regeln zur Steigerung von einsilbigen Adjektiven solltest du dir merken:

1. Um Adjektive mit einer Silbe zu steigern, hängt man ***-er*** + ***than*** *(als)* an.
2. Der „Spitzenreiter", also der/die/das Beste des Vergleichs, wird mit der Formel ***the*** + ***adjective*** + ***-est*** gesteigert.
3. Endet ein Adjektiv mit ***-g***, ***-l***, ***-m***, ***-n***, ***-p*** oder ***-t***, wird der letzte Buchstabe meist verdoppelt.
4. ***good*** und ***bad*** haben unregelmäßige Vergleichsformen.

Beispiel für Steigerungsformen einsilbiger Adjektive:
tall → taller → tallest *groß → größer → am größten*

Vergleichen mit than und der „Spitzenreiter" mit the:
Jim is taller ***than*** *Mike. But Maria is* ***the*** *tallest.*
Jim ist größer als Mike. Aber Maria ist am größten.

Achtung:
Die beiden Adjektive ***good*** und ***bad*** werden unregelmäßig gesteigert.

good → better → best	*gut → besser → am besten*
bad → worse → worst	*schlecht → schlechter → am schlechtesten*

Beispiele für die Steigerung unregelmäßiger Adjektive:

Sonia is ***good*** *at maths.*	*Sonia ist gut in Mathe.*
Tolga is ***better*** *than Mourad.*	*Tolga ist besser als Mourad.*
Sinem is ***the best*** *pupil.*	*Sinem ist die beste Schülerin.*

The weather is ***bad*** *today, but yesterday it was* ***worse****. Last Sunday's weather was the* ***worst****.*

Vergleichsformen zweisilbiger Adjektive

Folgende Regeln zur Steigerung von zweisilbigen Adjektiven solltest du dir merken:

1. Endet ein zweisilbiges Adjektiv mit ***-y***, wird es wie die einsilbigen Adjektive mit ***-er*** + ***than*** gesteigert. Beim „Spitzenreiter", also der/die/das beste des Vergleichs, wird ***-est*** angehängt. Aus dem **y** wird ein ***i***.
2. Die regelmäßige Steigerung der meisten anderen zweisilbigen Adjektive erfolgt mit ***more*** + ***adjective*** + ***than***. Die „Spitzenreiter" steigert man mit ***most***. Es gibt einige Ausnahmen, zum Beispiel *clever, gentle, simple* werden mit ***-er*** und ***-est*** gesteigert.

Beispiel für die Steigerung zweisilbiger Adjektive:
*I am more and **more nervous** than you. But Husseyin is the **most** nervous.*

Beispiel für die Steigerung zweisilbiger Adjektive, die auf -y enden:
*The story about the fox is **funnier** than the story about the elephant. But the story about the duck is the **funniest**.*

Vergleichsformen mehrsilbiger Adjektive

Lange Adjektive bilden ihre Vergleichsformen mit ***more*** und ***most***.

Beispiele für die Vergleichsformen mehrsilbiger Adjektive:
interesting → more interesting → most interesting
expensive → more expensive → most expensive

Participles als Adjektive

Man unterscheidet zwei Formen der *participles:*

1. *present participle*
2. *past participle*

Present participle

Das *present participle* endet auf ***-ing***. Viele dieser Partizip-Formen werden als Adjektive verwendet. Bei den Steigerungsformen der zwei- und mehrsilbigen Adjektive hast du diese „*-ing*-Adjektive" *(boring, interesting, fascinating)* schon kennen gelernt.
Die „*-ing*-Adjektive" beschreiben, **wie** eine Sache oder eine Person **ist** oder **war**.

Beispielsätze:
*For Frederick football is the most **fascinating** sport.*
*The horror film on TV last night was really **frightening**.*

Past participle

Einige Formen des *past participle* kann man als Adjektiv benutzen. Wie du weißt, endet das *past participle* bei den regelmäßigen Verben auf ***-ed***. Als Adjektiv beschreibt diese „*-ed*-Form", **wie** du dich bei einer Sache **fühlst** oder **fühltest**.

> ***Beispielsätze:***
> *Murat looked at him in a **bored** way.*
> *I was **frightened** when I watched the film.*

Die folgenden *-ing*-Adjektive und *-ed*-Adjektive werden in der englischen Sprache am häufigsten verwendet:

adjectives + -ing *What is it like? or: What was it like?*	***adjectives + -ed*** *How does it feel? or: How did it feel?*
The film is boring. *The film was boring.*	*I feel bored.* *She looked bored.*
My book is fascinating. *Tina's book was fascinating, too.*	*I am fascinated by this book.* *I was also fascinated by her book.*
This job is interesting. *My work experience was interesting.*	*I am interested in this job.* *I was interested to learn new skills.*
The trip to London is exciting. *We did very exciting things.*	*I am excited to be in London.* *I was excited when I saw the Queen.*
Well, that story is surprising. *Maria told me a surprising story yesterday.*	*Tina is surprised.* *I was surprised by the story Maria told me.*
The boys' bad marks in the history test are shocking. *Yesterday's news was shocking.*	*The boys are shocked, too.* *We felt shocked when we heard the news.*

Adjektive als Nomen

Einige Adjektive kannst du benutzen, um über eine bestimmte Personengruppe zu sprechen. Diese Personengruppen müssen allerdings **Gemeinsamkeiten** haben. Um diese Gemeinsamkeiten zu beschreiben, brauchst du ein Adjektiv (**wie** jemand **ist**).

▶ Damit aus dem Adjektiv ein Nomen wird, brauchst du die Formel
  - ***the + adjective.***

adjective	***the + adjective = noun***
old	*the old (= all old people)*

jobless	*the jobless*
blind	*the blind*
English	*the English (= all Englisch people)*

7.8 Adverbien *(adverbs)*

Adverbien brauchst du, wenn du beschreibst,
- wie jemand etwas tut oder wie etwas getan wird *(badly, quickly, slowly, carefully),*
- wann jemand etwas tut (Adverbien der Zeit) *(yesterday, today),*
- wo jemand etwas tut (Adverbien des Ortes) *(here, there).*

Wie jemand etwas tut oder wie etwas getan wird

Um zu beschreiben, wie jemand etwas tut, wandelst du ein Adjektiv (wie etwas **ist**) um in ein Adverb (wie man etwas **tut**). Du kannst fast alle Adjektive in Adverbien umwandeln. Das ist bei regelmäßig gebildeten Adverbien ganz einfach.

▶ Wie man regelmäßige Adverbien bildet *(how to form regular adverbs):*
- ***adjective** + -**ly** = **adverb***

adjective	***adverb***
bad	*badly*
quick	*quickly*
slow	*slowly*

Besonderheiten gibt es bei den regelmäßig gebildeten Adverbien nur bei der Schreibweise. Folgende Regeln sind hier zu beachten:

1. Bei Adjektiven, die auf *-y* enden, wird beim Adverb aus dem **y** ein **i**:

adjectives that end in -y	***adverb***
easy	*easily*
noisy	*noisily*

2. Endet das Adjektiv mit einem *-l*, verdoppelt sich dieser Buchstabe bei der Bildung des Adverbs.

adjectives that end in -l	***adverb***
careful	*carefully*
hopeful	*hopefully*

3. Adjektive, die mit *-ic* enden, erhalten als Adverb die Endung ***-ally****:*

adjectives that end in -ic	***adverb***
fantastic	*fantastically*
realistic	*realistically*

Unregelmäßig gebildete Adverbien

Leider gibt es keine Regeln für unregelmäßig gebildete Adverbien. Du musst sie auswendig lernen. Am häufigsten gebraucht werden:

adjective	***irregular adverb***
fast	*fast*
good	*well*
late	*late*
near	*near*
early	*early*
daily	*daily*

Beispielsätze für die Verwendung von Adverbien:
He does his homework ***carefully****.*
They repaired the computer ***badly****.*
Dorothee can run ***fast****.*
The Jackson brothers can play football ***well****.*

Adverbien der Zeit

Adverbien der Zeit beschreiben, **wann** man etwas getan hat. Sie können am Anfang oder am Ende eines Satzes stehen. Willst du betonen, wann jemand etwas getan hat, steht das Adverb der Zeit am Satzanfang.

Adverbien der Zeit bestimmen die Zeitform der Verben *(tenses).*

Typische Adverbien der Zeit	
late	spät
early	früh
on time	pünktlich
yesterday	gestern
today	heute
tomorrow	morgen
last week	letzte Woche
next week	nächste Woche
on Monday	am Montag
on Tuesdays	dienstags
every weekend	jedes Wochende
in spring	im Frühling
in the morning	morgens, heute Morgen
after midnight	nach Mitternacht

Bauplan für Sätze mit Adverbien der Zeit:

adverb of time	***subject***	***verb***	***object***	***adverb of time***
Yesterday	*my mum*	*went*	*shopping.*	
Next week	*we*	*will buy*	*new clothes.*	
	They	*get*	*visitors*	*every weekend.*
In spring	*we*	*go*	*hiking.*	
	You	*are*		*late.*

Today	*the trains*	*are*		*on time.*
	I	*go*	*to bed*	*after midnight.*

Adverbien des Ortes

Willst du mitteilen, **wo** etwas ist oder **wohin** du etwas getan hast, brauchst du Adverbien des Ortes.

Typische Adverbien des Ortes	
here	hier
there	dort
down/up	(nach) unten/ (nach) oben
away	weg
on the table	auf den/dem Tisch
under the table	unter den/dem Tisch
up here	hier oben (hin)
down there	dort unten (hin)
in Italy	in Italien
in the woods	im Wald
up on the mountains	oben auf den Bergen

Adverbien des Ortes können grundsätzlich am Satzanfang oder am Satzende stehen. Meist stehen sie am Satzende. Willst du den Ort des Geschehens besonders betonen, steht er am Satzanfang.
Befinden sich Adverbien der Zeit und des Ortes im selben Satz, setzt man das Adverb, welches man besonders betonen will, an den Satzanfang. Sollen beide Adverbien am Satzende stehen, so gilt: Ort vor Zeit.

Der Bauplan für Sätze mit Adverbien des Ortes sieht so aus:

adverb of place or time	***subject***	***verb***	***object***	***adverb of place or time***
Yesterday	*she*	*walked*		*away.*
		Put	*your jacket*	*over there.*
In Italy	*people*	*go*	*to bed*	*very late.*
		Come		*here, please!*

7.9 Präpositionen und ihre Verbindungen *(prepositions)*

Prepositions sind kurze Wörter, die meist in Verbindung mit Nomen oder Verben auftreten. Sie drücken eine Verbindung oder eine Beziehung zwischen Personen oder Dingen aus und werden auch Verhältniswörter genannt.

Beispiele:
*Carina is talking **to** Sinem **on** the phone.*
Carina spricht mit Sinem am Telefon.

Leider gibt es wenige Regeln, welche *prepositions* wann benutzt werden. Du musst sie also zusammen mit den dazu gehörenden Nomen oder Verben lernen. Du lernst sie, indem du entweder häufig englische Texte liest, immer wieder im Wörterbuch nachschaust oder die gängigsten Kombinationen mit *prepositions* auswendig lernst.

In diesem Kapitel findest du Listen mit häufig benutzten Präpositionen und Beispiele für ihre Verwendung. Die Listen sind nicht vollständig, aber sie werden dir trotzdem von Nutzen sein. Da eine direkte Übersetzung bei Präpositionen selten funktioniert, sind die Listen vollständig in englischer Sprache.

▶ Bei den *prepositions* unterscheidet man:
- Präpositionen der Zeit *(prepositions of time: after, since, until, past),*
- Präpositionen des Ortes *(prepositions of place: in, on, under),*
- Präpositionen der Richtung *(direction prepositions: to, towards, across),*
- andere wichtige Präpositionen *(other important prepositions: from, by, at),*
- Verben mit Präpositionen *(verbs + prepositions: talk to, go on, go to, keep on, look up, sit down, run away).*

Prepositions of time

preposition	***usage* (Anwendung)**	***examples* (Beispiele)**
on	*days of the week*	*on Monday, on Sunday*
in	*year* *month* *season* *time of day* *after some time*	*in 2012* *in June, in December* *in spring, in autumn, in winter* *in the morning, in the evening* *in ten minutes, in one hour*
at	*time of night* *weekend* *at a definite point in time*	*at night, at midnight* *at the weekend* *at 5 o'clock, at 3:30 p.m.,* *at noon* *I finished work at 5:30 p.m.* *School usually starts at 8 a.m.*
since	*from a certain point of time in the past until now*	*since yesterday, since May,* *since 3 o'clock, since midnight*
for	*over a period of time*	*for ten days, for some time*
ago	*at a definite time in the past*	*three days ago, a minute ago,* *an hour ago, years ago*
before	*earlier than a definite point in time*	*before lunch, before 2005,* *before I met you*
past	*telling the time*	*It's 20 past 7. (7:20)* *It's half past three. (3:30)*
to	*telling the time* *marking the beginning and the end of a time period*	*It's ten to eight. (7:50)* *It's 25 minutes to six. (5:35)* *from Monday to Friday* *from January to March* *from 9:00 a.m. to 11:00 p.m.*
until	*marking the end of a time period*	*Open from 7 p.m. until midnight.* *We are on holiday until March 10.*
by	*at the latest* *before a definite time*	*You must be home by 10 o'clock.* *By 6 o'clock I had finished my book.*

INFO

a.m. = **Mitternacht bis Mittag**
(lateinisch: ante meridiem, „vor dem Mittag")
p.m. = **nach dem Mittag bis Mitternacht**
(lateinisch: post meridiem, „nach dem Mittag")

Prepositions of place

preposition	*usage* **(Anwendung)**	*examples* **(Beispiele)**
in	*world* *rooms in a building* *street* *town* *book, paper, magazine* *car* *picture*	*in the world* *in the kitchen, in the house,* *in the office* *in Dover Street* *in London, in Berlin* *in the book, in the newspaper* *in the car, in the taxi* *in the picture*
at	*table* *events* *a place where you do something typical* *a place near an object*	*at the table* *at the concert, at the party* *at the cinema, at school* *at work, at the hotel* *at the window, at the door*
on	*on a surface* *on a screen* *radio* *floors in a house*	*on the table, on the floor,* *on the wall* *on TV, on the monitor* *on the radio* *on the first floor, on the top floor*
under	*below something*	*under the table*
over	*on the top of something*	*I put a jacket over my T-shirt.*
from	*place where something is from*	*a shirt from India* *an apple from the tree in my garden* *a song from the new album*

Direction prepositions

preposition	***usage* (Anwendung)**	***examples* (Beispiele)**
to	*move to a person* *move to a place* *move to a country* *move to a building*	*go to Tina* *go to the beach, go to bed,* *go to work, go to school* *go to Turkey, go to Denmark* *go to the cinema, go to my friend's house, to the theatre, to university*
across	*move to the other side*	*across the street, across the border, across the bridge, across the lake*
through	*move from one end/side to the other*	*through the tunnel*
into	*enter*	*go into the kitchen, into the house*

Other important prepositions

preposition	***usage* (Anwendung)**	***examples* (Beispiele)**
by	*Who made it?* *use transport*	*a picture by Picasso* *by car, by bus, by plane, by bike* *I came by bike.*
on	*enter public transport* *walk*	*get on a bus, get on the plane,* *get on the train to Berlin* *on foot*
off	*leave public transport*	*get off the bus, get off the train*
in	*enter a car*	*get in the car, get in the taxi*
from	*Who gave it?*	*The present is from Jason.*
at	*age (when?)*	*I learned the guitar at the age of 12.*

Anhang: Transkripte der Hörtexte der CD

Track 1: Listening comprehension task 1

Man: Well, where am I? West Brompton. OK. And I want to go to Piccadilly Circus. I need to find a tube map. Let's see. Ah, there's one. West Brompton, yeah, there it is. OK, I can take the District Line eastbound to South Kensington and there I have to change trains and take the Piccadilly Line northbound to Piccadilly. Let's see, the District Line goes in different directions. I must take the train that goes to Upminster, not the one that goes to Edgware Road. Alright, let's buy a ticket, I'd better ask at the ticket office, I don't know how to handle the ticket machine.
Clerk: Hello, Sir, how can I help you?
Man: Hello, I'd like to buy a ticket to Piccadilly Circus.
Clerk: A single fare is four pounds. I'd advise you to take a day ticket.
Man: How much is a day ticket?
Clerk: It's £7.20 and the off-peak ticket is £5.60.
Man: What is an off-peak ticket?
Clerk: You can use it only after 9:30 and the whole day at weekends.
Man: Well, it's 9:20 now, so I'll take an off-peak day ticket for today please.
Clerk: That's £5.60 please. (Man pays.) Thank you, and here's your ticket.
Man: Thank you, bye.

Now listen again.

End of task 1.
Please stop your CD player.

Track 2: Listening comprehension task 2

Good evening. This is Radio Cornwall's weather forecast for the weekend.
Temperatures will be unusually high for this time of year. Get your T-shirts, shorts and sun hats out of the wardrobe because you're going to need them until Sunday afternoon. Don't forget to drink plenty of water and don't stay in the sun for too long. Weather conditions will be pleasant during the day, but the evenings will be much colder. Dress in layers: T-shirts under a sweater and a jacket in the evenings will be the best choice if you're going to be out.
But don't worry, it won't rain before Sunday evening.
The weather will change at the beginning of the week, though, with bad weather approaching from the west. So, if you're on the Scilly Isles and planning to have a picnic on Sunday, plan again. Heavy rainstorms and a cool wind from the Atlantic will begin by early Sunday morning, so make sure you take your umbrella and raincoat. This rain will reach Penzance by Sunday evening and Plymouth in the course of the night.

Track 3: Listening comprehension task 3

Guest: Hi, uh, Clint Miller. I have a reservation for tonight.
Receptionist: Welcome to the Style Hotel, Mr. Miller. That's a room for three, then, and …

Guest: Uh, excuse me? You mean a room for three dollars? I hadn't expected it to be that cheap.
Receptionist: Wait a minute. According to your booking, a room for three guests was booked under your name.
Guest: No. No. No. No. No. Hold on. That must be wrong.
Receptionist: Okay. Let's check this again. Okay, Mr. Clint T. Miller for tonight ...
Guest: Ah. There's the problem. My name is Clint Miller, not Clint T. Miller [Uhh]. You must have two guests under the same last name.
Receptionist: Okay. I'll check that again. Oh. Ya, here we are.
Guest: Yeah?!
Receptionist: Clint Miller. A room for one person for tomorrow night ...
Guest: Wait, wait! It was for tonight. Not tomorrow night.
Receptionist: Hum. Hum. I don't think we have any rooms for tonight. This weekend is the New York marathon, and uh, all the hotels are packed! Let's see. Yeah, no rooms.
Guest: Ah, come on! You must have something. Anything.
Receptionist: Well. Let me check my computer here. Ah!
Guest: What?
Receptionist: There has been a cancellation for this evening. A honeymoon suite is now available.
Guest: Great. I'll take it.
Receptionist: But I'll have to charge you three hundred dollars for the night.
Guest: I can't believe it. I should get a discount for the inconvenience.
Receptionist: Well. Maybe I can give you an eight percent discount plus a free drink at the bar.
Guest: Hey. Don't you have free drinks during happy hours anyway?
Receptionist: Well, only on weekdays.
Guest: I want to talk to the manager.
Receptionist: I am the manager and I fear there is not much I can do for you, then, I'm really terribly sorry. What I could do is offer you a free night for the next time you visit us.
Guest: I don't believe that! You know what, there will be no first time and there will be no next time either. I'm looking for another room at another hotel, but you can be sure that this hotel won't get a positive comment on the Internet from me. Bye.
Receptionist: Sir, eh, wait, hey ...

Track 4: Listening comprehension task 4

Hi, I'm Tom Lynch, from Santa Barbara High. My classmates and me have made a survey here in Santa Barbara about what people like about California. Here it is:

My name's Paul Stevens and I really love the Pacific and these wide sandy beaches. They're awesome. A lot of people in California do water sports. Surfing is very popular of course and there are some great spots for it. But I also like to just sit at the beach and watch the sun set.

I'm Fiona Graber. Well, what do I like about California? Good question.

Everything – (laughs) – I have to pick one aspect right? OK, it's the food. Sounds strange, I know, but in California you have just a great diversity of food. You've got so many different restaurants, Chinese, French, Italian, German, even Afghan ones. We've got many markets in California, you can get some really fresh products. There's great wine from Napa valley, for example, and even some excellent olive oil. You can get very fresh fish, too, yeah, yeah, that's what I like about California, among other things of course.

Raul Morales is my name. What's best here? Hm. Everyone knows Los Angeles or San Francisco, the big cities. But for me that's not the best part of California. I mean the cities, especially San Francisco, are pretty, but I like the landscape best, to be honest. You know, there's such a diversity, the ocean, the mountains, the desert. I mean think about it, it's got it all. The Sierras are really pretty. Yosemite is awesome. Then there's Death Valley. Where else would you find this diversity? Nowhere, I reckon, so that's what I really appreciate about California.

What I like best about California? Oh, I forgot my name, it's Clara Higgins, sorry. Hm, hard to say, hm. I do all kinds of sports, and California is just great for that. There is the ocean, of course and some great surfing, really, but there's also beach sports, beach volleyball for example, beach soccer, frisbee. But California is also great for cycling, and you can even go skiing. I mean isn't that incredible, and that's all in one state!

Hi, I'm Jeffrey Brooks. Everybody knows Hollywood, but that's not all, truly not. There is more to Californian culture than Hollywood, believe me. Have you ever heard about the Getty Museum? It's really famous, it's an art museum. And then there's the LA Opera, which is quite good, too. There are many smaller music or film festivals in California as well. So you got it all, whatever your style is, you'll find something for your taste – culture-wise, I mean. And that's what I really love here.

Track 5: Listening comprehension task 5

This is the English Radio, Germany. My name is Tony Harris and today we've got some insider travel tips for you. I've been talking to some people from London, and they will tell you their very personal tip for your next trip to London.
Let's listen to what Stuart thinks.

Stuart: London's sights are world-famous. If you've never been to London before, they're a must, I think. Of course there are many other things to see and do, but I feel, well, it would be strange not to visit them, wouldn't it?

But are the sights all that London has to offer I wonder. What do you reckon, Chloe?

Chloe: I think London is one of the trendiest cities in the world. But for me it's not only the shops, it's the markets. See Camden Lock market. You can find some really fancy clothes there. Portobello Road is nice too, but well, personally I favour Camden Lock, also for the atmosphere.

Does Emma also think this is right?

Emma: That's hard to say. It surely depends on how many times you have been there before, right? There is no use in visiting all the tourist attractions again and again, I reckon. If you've been to London before, why not go to the theatre? It doesn't have to be the National Theatre. There are many smaller ones, and they're quite good – and not as expensive as the big ones. If you are into Shakespeare, the Globe is a terrific address. It's a reconstruction of Shakespeare's Globe Theatre, which burnt down in 1613.

What would you recommend to a German tourist in London, Paul?

Paul: There are hordes of tourists in London during the day. I wonder where they all go when night comes. I mean, honestly, they miss the best part. Sure, the sights are cool, but you can only look at them, visit them. What's the experience, I wonder? Hey, what's the big fun about it, hm? I recommend the clubs, they are the greatest. Whatever kind of music you prefer, you'll find the right place to go.

Is this also your opinion, Lisa?

Lisa: What I'm thinking may sound a little strange, but why not enjoy London's parks? They're beautiful, honestly. Buy a book, get something to eat and drink, sit down on one of the many benches and enjoy some of London's many parks. That's what I think you shouldn't miss.

Well, listeners here in Germany, we hope we could provide some useful ideas for your next visit to London. And here's some music for you. It's THE CLASH and London Calling …

Track 6: Listening comprehension task 6

1. My new XTZ is unbelievable. I mean I've been cycling for many, many years now, but that's the best equipment I've ever used. It's light, but it's also strong. And the parts are great as well. The brakes are really good, and it's got a terrific fork. The dampening is excellent, but it's still efficient pedalling. So you can go through the forest and you can go downhill quite well. It's really perfect for my riding style. I just need to buy a new saddle, but that's not a big deal is it?

2. I'm really happy I got the new AlphaP. I can shoot more pictures with it and the quality is really superb. And it's fast. Its digital imaging technology is outstanding. It automatically detects a moving object and adjusts the shutter speed. And the pics are really sharp even if the light is low. It has this best shot option, too, that means it takes ten shots and chooses the sharpest image. I love it.

3. I threw away my old ones and got me a new pair, and the difference is far greater than I had anticipated. First they are much lighter. When you have to carry them to the lift, it's already more fun than with my old heavy ones. And you can go down any hill on them. No matter if the snow is old and slushy or if it's powder – they perform as I want them to. And it isn't as exhausting as with the old ones. They are great on the slopes and they are great in powder snow. My winter vacation has just ended, but I want to go again as soon as possible.

4. Actually I'm an old-fashioned person. If I need to make a call, I go to the next booth. That's what I was thinking. But last year I broke my leg hiking in the forest and there was no booth. My daughter had made fun of me often, telling me I had to buy one, just for emergencies. And I realized she was right, then. Luckily some other hikers found me and took me to hospital. The first thing I did when I left – I went into one of these shops. I didn't know anything. The salesman must have thought I was stupid. I got a very simple one, no camera, no Internet, just calling and maybe a short message. I didn't get a contract either. Prepaid. That's enough for me. But next time I break my leg, I can call for help.

Track 7: Listening Comprehension task 7

Jeff: Sue, I always see you at your computer. How many times a day do you check your e-mails?
Sue: Well, Jeff, hm, I don't count, really, but it's quite a few times indeed. Actually it's probably about ten times a day. It's not really necessary. I mean, it's not that I have thousands of e-mails coming into my account every day, but, you know, I hate waiting, especially if I'm expecting something, so I check my account all the time, just to get my mail as soon as possible. What about you?
Jeff: I do check my e-mails, but not every hour. I normally do it once a day, but sometimes every other day. And when I receive an e-mail, it often takes me a week or two to reply. I'm not good at keeping in touch. It's bizarre. I have accounts at some social networking sites too, like facebook or twitter, but I hardly ever log in ...
Sue: Why don't you?
Jeff: I just think there are so many other things to do. You can enjoy your life, go for a walk, take pictures, meet friends, travel. Whatever. But why do I have to tell everyone about it on the Internet? And I don't see the necessity of permanently keeping in touch with everyone. If it's for a birthday, fine, but I can see my friends, or call them. I just feel it's silly to write them an e-mail all the time.
Sue: Well, you've got a point there. I was thinking to cut back on my e-mailing as well, but on the other hand I stay in touch with many people all over

the world that way. I quit updating my facebook profile, it just consumed too much time. And it's very public! I've read that your Internet profiles can also be harmful, for example when you apply for a job. If your employer reads about you complaining about your teachers, that might not throw a good light on you. So be careful what you publish! I will stick to e-mailing, though, because I like to stay in touch with my friends worldwide, but I have stopped checking my facebook profile, too. Now some of my friends complain about me being a boring facebooker, but so what?

Track 8: Listening comprehension task 8

A: Hey there, you are listening to Roger Cornish on Teen Radio 5. Today I've got a guest in the studio, Cindy Close. Hi Cindy.

B: Hey Roger.

A: Cindy, you are a psychologist and an expert in the field of bullying, especially bullying at schools.

B: Yes, that's right, I've been working with schools, teachers and pupils for quite a while now.

A: And that's what we'll talk about in the show today – bullying. What are pupils bullied for? Can you give a few examples?

B: Sure, pupils are bullied for many things, the bullies just look for someone they can pick on and that can be if you are overweight or thin. It can be that you are popular, and others don't like that. It's also that hard-working students are bullied, because they are successful. And then there are cases where girls and boys are bullied over the colour of their hair, or over their looks.

A: What do you advise teachers to do in cases of pupils being bullied?

B: When dealing with someone who is being bullied, it's important to take the problem seriously. The teacher's reaction is very important. It may decide if the pupil makes the effort to resolve the issue or allows the bullying to continue for the rest of his or her school life. First and foremost, give the pupil a feeling of safety. Nobody else should see you or hear what you are talking about.

A: And what are the next steps, then?

B: The teacher should examine the case very thoroughly. It's a good start if a pupil writes down exactly what happened and who was there so that you can speak to other people. The more information you have, the better you'll be able to deal with the problem and the faster you can sort out exactly what happened.

A: But that means that the teacher will have to speak to the bully, too, doesn't it?

B: Yes, that's right. So the pupils should be told that, too. The teachers need to let them know that they will need to hear both sides.

A: And that's all that can be done?

B: I think it's good if the bullied pupil has got the private phone number of the teacher, so he or she can call the teacher if the bullies try to put them under pressure not to talk to the teacher again. You could also arrange for a bullied pupil to have a playground buddy and in the longer term you could think about setting up a peer support scheme which would help the whole school. If pupils complain that particular areas of the school are unsafe – for instance the toilets or part of the schoolyard or building – staff could set up extra patrols.

A: Well, Cindy thanks a lot for those really useful pieces of advice, and let's hope that more pupils dare to talk to their teachers about bullying at their school.

Here's Beyonce with Sweet Dreams ...

Track 9: Listening comprehension task 9

Shakespeare is one of the most famous playwrights in the world. He was born in 1564 in this very house in Stratford-upon-Avon.

He died in 1616, so he died at the age of 52. We wouldn't say that this is very old, but in Shakespeare's day to make it to 40 was considered old age.

In this, for our standards, relatively short life he produced many pieces of art. He produced poems and plays. So he was an extremely productive writer and the reason he's still extremely popular today and can be regarded as the most-performed author worldwide is that the themes he chose for his work are universal.

His plays touch us whether we speak English, Italian or Polish. They've touched audiences in the past and will continue to reach audiences in the future. They're about themes that are eternal and concern humanity. Just think of *Romeo and Juliet,* the most famous love story in the world!

The language he used is not totally different from the English spoken today, but it's not the same either. So some words and some grammatical structures are no longer used in modern English. It's almost like reading a foreign language, because we don't use English in this way anymore. The result is, reading Shakespeare is difficult.

Although he is difficult to read, Shakespeare is probably the most-performed author in the world. And although we aren't used to this way of writing as the people were in Shakespeare's times, his works are still beautiful and every student of English should read at least one of his plays.

Track 10: Listening comprehension task 10: Mock exam Part 1

I'm going to give you the instructions for the test.

At the beginning of each part you will hear this sound: [Gong]

You can answer the questions while you are listening. Before you listen, there will be time for you to look at the questions. After each recording there will also be some time for you to check your answers. You will hear each recording twice.

Do not stop the CD in between.

Now look at the instructions for part 1.

You have got 60 seconds.

Now listen to part 1.

Welcome to Yosemite National Park's information hotline. For general information about the park, please press one. For hotel reservations press two. For information about animals in the park press three. If you wish to speak to a park ranger personally, press four.
[Beep]

You have requested information on animals in the park.
Please note that all pets must be kept on leashes at all times. Pets may not be left unattended at any time. No pets are permitted on trails or in the back country of Yosemite.
Pets are permitted anywhere on the Valley Floor, Happy Isles Nature Center and Mirror Lake Parking Lot.
Pets are NOT permitted in public eating places, restaurants or other public buildings.
Exceptions to some rules can be made for seeing-eye dogs. Please call (309) 874 – 5397 for more information.
Don't forget that Yosemite is also rattlesnake country.
Watch out for the snakes, but remember: you need not be overly fearful of them. They generally live between 2,000 to 7,000 feet, though rattlesnakes have been seen as high as 9,000 feet. Typically, visitors see rattlesnakes in the summer while hiking in the morning hours when snakes come out to warm themselves in sunny spots, preferably on stony ground.
Be especially careful about the bears.
Black bears are opportunistic feeders. They will break into cars to obtain food if it is more readily available than natural food sources. The installation of food lockers at all campgrounds and parking lots has stopped bears from breaking into cars. Once bears become conditioned to human food, they become more aggressive in their pursuit of it, and lose their instinctive fear of humans. In this case, the bear will have to be killed. The only way to solve the problem is to keep ALL sources of unnatural food away from bears! All food and smelly items must be stored in metal food storage boxes provided at all campgrounds, and parking areas. DO NOT LEAVE FOOD IN CARS OR TENT CABINS. Please report trash problems, improper food storage, bear sightings and other bear-related problems to the next park ranger.
Thanks for calling the Yosemite information hotline. To get back to the main menu, press zero.

Now listen again.

Please read the instructions for part 2 now. You have got 30 seconds.

Track 11: Listening comprehension task 10: Mock exam Part 2

Now listen to part 2.

Commercials
1 You've been working hard all your life. Each month you have put away something for the time of retirement. You thought it was safe. You and your

wife wanted to travel and have a good time.
Imagine it's all gone. Somebody just took the wrong decision for your money, a bad investment, and nothing's left. What you thought was safe, wasn't.
With us, this will not happen! We care for you and your savings! No risky investment! So when you retire, your savings will still be there.

2 When I was young, we played outdoors all the time. And I really don't want my kids to sit in front of the screen all day long, and they don't. But you can't completely forbid it, although this would be the safest thing to do. But times have changed, the net is part of our world. And not everything is bad. I just tell my kids to use it safely. There are too many pages that are definitely not suited for them. Of course I don't have time to sit next to them all the time and this is why I got safe4k – the software you can trust.

3 Of course I'm proud of it. My wife and I have been working hard for it. Each of our three children has their own room and there is another one for guests. It was important for us to have a big garden as well. But I don't feel safe anymore. Our neighbours were robbed more than once. So how safe can any neighbourhood be? But we've found a solution, and ever since we registered with safesoc, I have felt much better. They have installed warning devices and they are here within minutes. If I was a burglar, I'd never go for a safesoc home. Our neighbors have registered, too. When will you join safesoc?

4 We've been told so many times it's safe by the government. But is it? Aren't gene-manipulated plants already allowed in our country? How safe can it be then? I just want the best for my family and me. You are what you eat, that's my creed. And this is why I look for products that have got the safegro certificate. No artificial flavors added, no colorants and everything grown organically. It's worth it, I think. Safe for you and good for nature.

Now listen again.

Now please read the instructions for part 3. You've got 60 seconds.

Track 12: Listening comprehension task 10: Mock exam Part 3

Now listen to part 3.

My name is Cyle McIntire. I'm from Britain, from Manchester, to be precise and I am going to talk about the time that I spent in Germany. I did a degree in French and German at Manchester University and as part of my degree it was obligatory to spend one year abroad. Well, I decided to go to Germany. The reason, to be honest, was that my German was not as good as my French, because I didn't have much opportunity to practice it. See,

two foreign languages are rather unusual in Britain and it really helps you to find a job.
Well, when I arrived in Germany I was surprised that people were very friendly and hospitable. People often invited me, actually. Some of my German friends used to think that British people have coffee, sorry ... tea and scones at 4 o'clock every day. I think that's really funny because I don't know anybody in Britain who has tea and scones at 4 o'clock every day. Really, nobody! It's just a stereotype. Just as many people in Britain think that the Germans are rude and unfriendly. Sorry, but it's true, that is what some people in Britain do think. I mean I've found out it isn't true. Actually I knew before, because this wasn't my first time in Germany, but it was the longest time – one year.
So, you see, there's something about living abroad that I think is really important. It's not only the language that you learn. You also learn about the people, their way of thinking. You learn to understand the people better.
And when you're dealing with people from different nations later in your job, this is important. You just get along much better then, I think.
So my year in Germany was a terrific experience, I learned the language much better, I learned about the country, its history, about how the people live and, of course, about how they think. So I can only advise everyone to study abroad. It's a very useful experience. It helps you to understand people better and to learn from each other.

Now listen again.

Now you have got 10 seconds to check your answers.

End of the mock exam.

Quellenverzeichnis

Textquellen:

62 „Barack Obama“: http://en.wikipedia.org/wiki/Barack_Obama

68 Emily Brontë: *Wuthering Heights. Part 1: Mr Lockwood's Story.* Retold by John Escott. Penguin Readers Level 6. Harlow: Addison Wesley Longman 1993, S. 6–7

Bildquellen/Illustrationen:

10 „Skatepark“: Illustration von Hans-Jürgen Feldhaus

72 „Wuthering Heights“: Illustration von Bob Harvey. Penguin Readers Level 6. Harlow: Addison Wesley Longman 1993, S. 6